Kohlhammer

Praxiswissen Erziehung

Eine Übersicht aller lieferbaren und im Buchhandel angekündigten Bände der Reihe finden Sie unter:

 https://shop.kohlhammer.de/praxiswissen-erziehung

Die AutorInnen

Dr. Anne Vohrmann ist Postdoktorandin am Internationalen Centrum für Begabungsforschung an der Westfälischen Wilhelms-Universität Münster.
Dr. David Rott ist Studienrat im Hochschuldienst am Institut für Erziehungswissenschaft an der Westfälischen Wilhelms-Universität Münster.

Anne Vohrmann/David Rott

Begabungen von Kindern erkennen und fördern

Verlag W. Kohlhammer

Dieses Werk einschließlich aller seiner Teile ist urheberrechtlich geschützt. Jede Verwendung außerhalb der engen Grenzen des Urheberrechts ist ohne Zustimmung des Verlags unzulässig und strafbar. Das gilt insbesondere für Vervielfältigungen, Übersetzungen, Mikroverfilmungen und für die Einspeicherung und Verarbeitung in elektronischen Systemen.

Die Wiedergabe von Warenbezeichnungen, Handelsnamen und sonstigen Kennzeichen in diesem Buch berechtigt nicht zu der Annahme, dass diese von jedermann frei benutzt werden dürfen. Vielmehr kann es sich auch dann um eingetragene Warenzeichen oder sonstige geschützte Kennzeichen handeln, wenn sie nicht eigens als solche gekennzeichnet sind.

Es konnten nicht alle Rechtsinhaber von Abbildungen ermittelt werden. Sollte dem Verlag gegenüber der Nachweis der Rechtsinhaberschaft geführt werden, wird das branchenübliche Honorar nachträglich gezahlt.

Dieses Werk enthält Hinweise/Links zu externen Websites Dritter, auf deren Inhalt der Verlag keinen Einfluss hat und die der Haftung der jeweiligen Seitenanbieter oder -betreiber unterliegen. Zum Zeitpunkt der Verlinkung wurden die externen Websites auf mögliche Rechtsverstöße überprüft und dabei keine Rechtsverletzung festgestellt. Ohne konkrete Hinweise auf eine solche Rechtsverletzung ist eine permanente inhaltliche Kontrolle der verlinkten Seiten nicht zumutbar. Sollten jedoch Rechtsverletzungen bekannt werden, werden die betroffenen externen Links soweit möglich unverzüglich entfernt.

1. Auflage 2023

Alle Rechte vorbehalten
© W. Kohlhammer GmbH, Stuttgart
Gesamtherstellung: W. Kohlhammer GmbH, Stuttgart

Print:
ISBN 978-3-17-037607-6

E-Book-Formate:
pdf: ISBN 978-3-17-037608-3
epub: ISBN 978-3-17-037609-0

Inhalt

Einleitung 9

Teil 1 Hintergrund

1 Verschiedene Perspektiven auf Begabung 17
1.1 Begabung und Intelligenz 19
1.2 Begabungsbereiche 31
1.3 Begabung als Wechselspiel 34
1.4 Begabung und Kreativität 42

2 Warum Begabungen überhaupt finden und fördern? Zwei Perspektiven 51
2.1 Begabungsförderung zur Persönlichkeitsentwicklung 52
2.2 Begabungsförderung zur gesellschaftlichen Verantwortungsübernahme 57

Teil 2 Verschiedene Begabungen erkennen und fördern

3 Überblick zum zweiten Teil 67

4 Kognitive Begabung 69
4.1 Kognitive Begabungen erkennen 73

5

Inhalt

4.2	Räume zur Entfaltung kognitiver Begabungen	78

5	**Sprachliche Begabung**	**84**
5.1	Sprachliche Begabungen erkennen	85
5.2	Räume zur Entfaltung sprachlicher Begabungen	87

6	**Logisch-mathematische Begabung**	**93**
6.1	Logisch-mathematische Begabungen erkennen	96
6.2	Räume zur Entfaltung logisch-mathematischer Begabungen	99

7	**Visuell-räumliche Begabung**	**103**
7.1	Visuell-räumliche Begabungen erkennen	106
7.2	Räume zur Entfaltung visuell-räumlicher Begabungen	108

8	**Körperlich-kinästhetische Begabung**	**111**
8.1	Körperlich-kinästhetische Begabungen erkennen	120
8.2	Räume zur Entfaltung körperlich kinästhetischer Begabungen	123

9	**Musikalische Begabung**	**125**
9.1	Musikalische Begabungen erkennen	128
9.2	Räume zur Entfaltung musikalischer Begabungen	130

10	**Inter- und intrapersonale Begabungen**	**133**
10.1	Inter- und intrapersonale Begabungen erkennen	138
10.2	Räume zur Entfaltung inter- und intrapersonaler Begabung	140

Fazit und Ausblick — **144**

Leseliste und weitere Leseempfehlungen — **148**

Literaturverzeichnis — **155**

Einleitung

Ausführungen zum Thema *Begabung* gibt es viele – und auch viele gute. Angesprochen werden oftmals Lehrpersonen. Eigentlich sind es aber zumeist Studien- und Lehrbücher, die sich für den Einsatz in der universitären Lehre, vor allem in der Erziehungswissenschaft, eignen. Wir haben uns dazu entschieden, diesen Band in der Reihe »Praxiswissen Erziehung« zu schreiben, der sich deutlich von den üblichen Einführungen oder auch Ratgebern abhebt. Eltern oder Professionelle im Kontext der Erziehung (also etwa Erzieherinnen oder Sozialarbeiter) wollen wir als Adressatinnen und Adressaten[1] in den Mittelpunkt rücken. Wir wollen ihnen Perspektiven aufzeigen, wie die eigene pädagogische Praxis so gestaltet werden kann, dass sie Kinder und Jugendliche darin bestärkt, ihre Begabungen und Talente zu erproben, zu entwickeln und schlichtweg auszuleben.

Dabei maßen wir uns nicht an zu sagen, welche Schritte in welchem Fall immer die richtigen sind: Erziehung ist Beziehungsarbeit, es geht um die einzelnen Menschen, die in Erziehungszusammenhängen zusammentreffen und die das Miteinander gestalten müssen. Und Erziehung ist eingebunden in gesamtgesellschaftliche Bedingungen und Prozesse, in denen diese persönlichen Beziehungen aufgebaut und gepflegt werden. Ein technisches oder mechanisches Verständnis von Begabung ist da fehl am Platz.

Doch was ist Begabung nun überhaupt? Wir wollen versuchen, uns dem Konstrukt Begabung weiter anzunähern, und müssen dabei feststellen, dass Begabung ein schillernder Begriff ist. Wenn wir Fortbildungen geben, mit unseren Studierenden arbeiten oder

---

1 Im Text verwenden wir wahlweise abwechselnd männliche und weibliche Bezeichnungen, um den Lesefluss zu vereinfachen, häufig schreiben wir aber auch weibliche und männliche Bezeichnungen aus.

aber wenn wir begabungsfördernde Angebote in Schulen, für Stiftungen oder in sozialen Einrichtungen durchführen und dort mit den Kindern und Jugendlichen sprechen, stoßen wir immer wieder auf Klischees. Auf die Frage, welche Personen oder fiktiven Figuren die Kinder und Jugendlichen, Studierenden oder aber Lehrpersonen mit dem Begriff Begabung verbinden, bekommen wir immer wieder dieselben genannt: Albert Einstein, Stephen Hawking, Marie Curie – das ist die Naturwissenschaftsfraktion. Sheldon Cooper aus der TV-Serie *Big Bang Theory*, Sherlock Holmes, Raimond aus dem Film *Rain Man* – das sind Filmfiguren, die sich alle dadurch auszeichnen, dass sie dem Autismus-Spektrumsstörungsbereich zugeordnet werden können und die alle, in unterschiedlichem Maße, sozial eher weniger kompatibel sind. Hinzu kommen die Sportlerinnen und Sportler (Boris Becker, Steffi Graf), die Musikerinnen und Musiker (Mozart, Anne-Sophie Mutter) oder Künstlerinnen und Künstler (Picasso, Frida Kahlo). Dabei fällt auf, dass gerade historische Personen zu Ikonen in ihren Bereichen geworden (etwa Albert Einstein) und fiktive Figuren oftmals stark überzeichnet sind (etwa Lisa Simpson aus der Zeichentrickserie »Die Simpsons« als leistungsversessene Streberin). In dieser Listung wird deutlich, dass der Begriff Begabung verbunden ist mit Stereotypen und Vorurteilen – und dass dieser Begriff alles andere als geklärt ist. Dies gilt übrigens nicht nur für die Alltagssprache, sondern auch für den wissenschaftlichen Diskurs.

Dieses Buch soll dazu beitragen, den Terminus Begabung als einen pädagogischen Begriff besser verstehen zu können. Es soll helfen, Begabung in unterschiedlichen Facetten zu erkennen. Und es soll helfen, Angebote zu machen, die für Kinder, Jugendliche oder auch Erwachsene Räume schaffen, um diese Begabungen zu entfalten. Die Ausgestaltung solcher Prozesse ist immer auch an gesellschaftliche Rahmenbedingungen geknüpft und nicht im luftleeren Raum denkbar. Trotz dieser Einschränkungen werden wir in unserer Arbeit von der Idee geleitet, dass Begabungen zum einen etwas zutiefst Individuelles sind, zum anderen aber auch, dass Menschen, die ihre Begabungen und Talente kennen und diese nicht nur für den eigenen Vorteil, sondern für die Gesellschaft insgesamt fruchtbar machen, das Zusammenleben verbessern können. Das ist unser normatives Leitgerüst, wenn es uns um begabungsförderliche Erziehung geht: die einzelne Person stärken, die dann die Gesellschaft in einem demokratischen Sinne mitgestalten kann. Die Begriffe Teilhabe und Partizipation sind zentral für pädagogisches Arbeiten. Wie können wir dazu beitragen, dass Kinder, Jugendliche und Erwachsene im Ganzen oder in einem speziellen Feld stärker an gesellschaftlichen Prozessen teilnehmen können?

Um diese Ideen zu verdeutlichen und breit diskutieren zu können, haben wir uns dazu entschieden, nicht auf konkrete Fälle einzugehen, die uns in unserer pädagogischen Praxis begegnen. Wir arbeiten beide an der Universität Münster im Kontext des Internationalen Centrums für Begabungsforschung und in die Beratung oder zu unseren Angeboten kommen oft Kinder, Jugendliche oder Erwachsene, bei denen Begabung als Problem ausgemacht wird – sie sind in ihren Umgebungen unangepasst, sorgen für Ärger, weil sie viel hinterfragen, und gehen ganz eigene Wege. Sie kommen in der Schule nicht klar, haben Stress mit ihren Eltern. Aber diese Menschen sind nur ein ganz kleiner Prozentsatz derer, die wir in diesem Buch beschreiben wollen: Begabung ist für uns nicht ein Problem, ein Ärgernis, ein Stressfaktor, sondern etwas Spannendes und Anregendes, das Raum zur Entfaltung benötigt. Denn, und das ist Fakt, die meisten Menschen, die man als begabt bezeichnen kann, fallen gar nicht auf: Sie sind angepasst, mehr oder weniger erfolgreich, haben Freunde, Familie, sind sozial eingebunden. Begabung ist also kein medizinischer oder psychologischer Befund, sondern etwas ganz Normales.

Statt eben auf die Problemfälle zu schauen, wollen wir einen anderen, unkonventionellen Weg gehen und Sie einladen, sich darauf einzulassen. Die Fälle, die wir in diesem Band heranziehen, sind fiktional und entstammen Kinder- und Jugendbüchern, in denen Protagonistinnen und Protagonisten auftauchen, die jeweils über besondere Begabungen verfügen, und sind ganz unterschiedlich gelagert. Ben Fletcher zum Beispiel ist ein Jugendlicher, der das Stricken für sich entdeckt, Flavia De Luce ist eine Chemieexpertin, Detektivin und Giftmischerin erster Güte oder aber Ruby Redford Codeknackerin und Geheimagentin. Ihnen wird auffallen, dass die aufgeführten Protagonisten und Protagonistinnen alle »ein wenig anders« sind. Das ist für uns kein Makel, sondern ein großer Pluspunkt.

Exkurs: Biografische Kinder- und Jugendbücher
Neben diesen fiktiven Figuren hat sich in den vergangenen Jahren auch ein ganz eigenes Genre der Biografien beeindruckender Persönlichkeiten für Kinder etabliert. Diese werden wir nicht in dieses Buch als Fallbeispiele aufnehmen, wollen Sie aber zu mindestens darauf aufmerksam machen. Exemplarisch sind hier die Good Night Stories for Rebel Girls von Elena Favilli und Francesca Cavallo (2017) oder die Bilderbuch-Reihe Little People, Big Dreams von María Isabel Sánchez Vegara (erscheint seit 2014, bisher über 30 Bände im Insel Verlag) zu nennen, in denen in knapper und inspirierender Form bekannte, besondere Menschen vorgestellt werden. Während Good Night Stories for Rebel Girls (2017) jeweils eine Doppelseite einer Person widmet und hierbei, wie der Titel verdeutlicht, vor allem Mädchen ansprechen und ermutigen will, eigene Wege zu gehen, richtet sich das Buch »Stories for Boys who dare to be different – Vom Mut, anders zu sein« (Brooks, 2018) vor allem an Jungen. Ob es dieser Geschlechtertrennung hier Bedarf, sei dahingestellt.

Jeder Band der Reihe Little People, Big Dreams befasst sich hingegen mit einer Person. Hannah Arendt, Maria Montessori oder Elton John werden ausgehend von ihrer Kindheit und ihren Ideen vorgestellt, die Entwicklungen aufgezeigt und in ihren Leistungen gewürdigt. In einem Anhang werden die Personen noch einmal vertiefend über Zeitleisten und historische Fotos präsentiert. Diese Bücher eignen sich gut zum Vorlesen zuhause, aber auch zum pädagogischen Arbeiten mit Kindern und Jugendlichen außerhalb der eigenen vier Wände. Sie sind inspirierend und können Visionen ermöglichen, wie man selbst – und die Kinder, Jugendlichen und Erwachsenen, mit denen man arbeitet – gern wäre. Sie bieten Perspektiven an und viel Identifikationspotenzial, indem sie die Personen nicht überhöhen, sondern in ihren Entwicklungen, Fragen, Problemen und Errungenschaften zeigen. Dieses menschliche Bild der Protagonistinnen und Protagonisten schafft für die Lesenden einen ermutigenden Zugang.

Wir beide lesen gerne diese Bücher in unserer Freizeit, aber sie sind nicht einfach entspannende Lektüre: Über diese Bücher haben wir uns selbst oftmals dem Thema Begabung noch einmal stärker genähert. Gerade auch im Austausch mit Kindern, Jugendlichen, Studierenden, Kolleginnen und Kollegen oder pädagogisch Tätigen sind es oftmals diese Figuren, die Gespräche angeregt und die Blickwinkel auf das Thema Begabung noch einmal stark erweitert haben.

Gleichzeitig können Bücher der Art, wie wir sie hier aufführen, auch der Begabungsentfaltung von Kindern und Jugendlichen selbst dienen, wenn sie gelesen werden.

Die Bücher, auf die wir uns hier beziehen, sind oft lustig, meistens spannend und vor allem: nicht so stark problemorientiert. Und das ist es, was wir möchten. Wir möchten uns lösen von der oftmals stark vertretenen Idee des Helfens und dazu kommen, Begabung ein wenig entspannter in den Blick zu nehmen. Denn in den Büchern wird oftmals deutlich: Begabung ist ein Thema, aber die Probleme sind doch eher andere: die nervigen Geschwister, die kranken Eltern, die fehlenden ökonomischen Ressourcen, die Geschlechterklischees, die begrenzenden Institutionen oder Kriminalfälle. Die fiktiven Figuren laden ein, sich zu identifizieren, sich hineinzuversetzen und neue pädagogische Ideen zu entwickeln.

Wir haben während des Schreibens mit vielen Personen über unser Buch gesprochen: mit Eltern, Kindern, Schülerinnen und Schülern, Studierenden, Kursteilnehmenden, Sozialarbeiterinnen oder Erziehern. Und wir haben gespürt, wie inspirierend der Austausch zum Thema Begabung sein kann, wenn Begabung nicht als

Einleitung

Problem verstanden wird. Hier möchten wir Sie ermuntern, neue Ideen, Wege oder Inspirationen für Ihr pädagogisches Handeln zu gewinnen. Und wir hoffen natürlich, dass die fiktiven Figuren, die wir Ihnen vorstellen, Sie dazu anregen, selbst zum Kinder- oder Jugendbuch zu greifen und noch einmal genauer nachzulesen, was den Protagonistinnen und Protagonisten eigentlich passiert, und im besten Fall ausgewählte Bücher interessierten Kindern und Jugendlichen empfehlen.

Im ersten Teil dieses Buches werden wir die Hintergründe darlegen, die bekannt sein müssen, um Begabungsförderung ausgestalten zu können. Hierzu beschäftigen wir uns mit dem Begriff Begabung und nähern uns diesem Konstrukt von unterschiedlichen Seiten. Dabei sind immer schon Ideen oder Beispiele für die pädagogische Praxis eingebunden. Gleichzeitig versuchen wir, Ihnen als Leserin oder Leser durch gezielte Fragen Anreize zur Reflexion zu setzen. Wir stellen Ihnen Begabung als komplexen Begriff vor und laden Sie ein, hier mitzudenken und das eigene Handeln zu hinterfragen, um Weiterentwicklungen unterstützen zu können.

Im zweiten Teil werden wir dann ausgehend von diesen Überlegungen die Frage ausschärfen, wie sich Begabungen in den unterschiedlichen Bereichen eigentlich sinnvoll erkennen lassen und wie eine Förderung aussehen kann.

Am Ende des Buches gehen wir noch einmal in die Vogelperspektive und binden die unterschiedlichen Stränge in einem Fazit und Ausblick zusammen. Hier finden Sie auch eine Leseliste in der Hoffnung, dass Sie weitere Inspiration für Ihr pädagogisches Arbeiten finden mögen.

Zur Orientierung im Buch

📑 Aufgaben   📖 Merkmale der Begabungen

💡 Anregungen

Teil 1

Hintergrund

1

Verschiedene Perspektiven auf Begabung

In diesem Teil des Buches finden Sie die grundlegenden Überlegungen zum Thema. In einem ersten Schritt (▶ Kap. 1.1) werden wir eine Abgrenzung von Begabung und Intelligenz vornehmen, die für die pädagogische Arbeit mit Kindern, Jugendlichen und Erwachsenen geboten scheint. Daran schließt die Darstellung von Begabung in verschiedenen Bereichen an (▶ Kap. 1.2), in der wir die Theorie der multiplen Intelligenzen von Howard Gardner als Grundlage der weiteren Argumentation bestimmen. Dass Begabung als Wechselspiel zu verstehen ist (▶ Kap. 1.3), wird mit dem Integrativen Lern- und Begabungsmodell von Christian Fischer erläutert. Der Zusammenhang zwischen Begabung und Kreativität ist Thema des letzten Teils des ersten Kapitels (▶ Kap. 1.4). Wir stellen Ihnen hier also den Begriff der Begabung vor. Bevor Sie mit der Lektüre fortfahren, bitten wir Sie, sich mit der folgenden Frage zu beschäftigen und Ihre Antwort schriftlich festzuhalten.

Was verstehen Sie unter Begabung?
Ein Kind/Jugendlicher/Erwachsener ist für mich begabt, wenn ...

Wenn Sie sich Ihre Notiz anschauen, dann werden Sie wahrscheinlich unterschiedliche Aspekte notiert haben, mit denen Sie das Konzept Begabung und auch begabte Menschen beschreiben. Wahrscheinlich haben diese Gesichtspunkte viel mit der Motivation zu tun, warum Sie dieses Buch lesen. Sie haben vielleicht einen bestimmten Jugendlichen oder ein Kind im Kopf, an dem Sie Begabung festmachen können. Sie haben vielleicht Ansichten notiert, die mit Ihrem Arbeitsfeld zusammenhängen. Eine Handballtrainerin wird eher sportliche, motorische oder motivationale Dinge notieren als vielleicht ein Klavierlehrer, der neben Motivation vor allem musische Blickwinkel einnimmt, oder eine Mutter, die ihr eigenes Kind vor Augen und damit eher eine ganzheitliche Betrachtungsweise hat.

Dennoch werden sich, aller Wahrscheinlichkeit nach, folgende Aspekte in Ihrer Definition finden: Es geht um Leistungen in einem spezifischen Bereich, in dem sich Begabungen zeigen. Zudem können Motivation und Interesse begleitende Konzepte sein, die Sie berücksichtigt haben. Und sehr wahrscheinlich wird es darum gehen, dass jemand dann als begabt zu bezeichnen ist, wenn sie oder er etwas besser kann als andere, etwa im Vergleich zu Altersgenossinnen und -genossen.

Auf diese Dinge werden wir im Verlaufe des Buches immer wieder zurückkommen. Wir werden auch versuchen, Begabung und

1 Verschiedene Perspektiven auf Begabung

Kreativität miteinander in Beziehung zu setzen. Außerdem werden wir anhand eines Begabungsmodells eine schematische Darstellung des komplexen Begabungsbegriffs liefern, das helfen kann, sich mehrperspektivisch und analytisch mit Begabungen auseinanderzusetzen, die einem in der pädagogischen Praxis begegnen.

Zunächst wollen wir jedoch den Intelligenzbegriff etwas näher beleuchten, der nicht außen vor gelassen werdend darf, wenn man sich mit Begabung beschäftigt.

1.1 Begabung und Intelligenz

Befasst man sich mit dem Thema Begabung, spielt Intelligenz immer eine Rolle. Wenn eine Begabung identifiziert werden soll, dann stellt sich stets die Frage, wie das geschehen kann, denn Begabung ist abstrakt. Man kann sie nicht direkt sehen, sondern muss immer auf sie schließen. Sehen kann man in den unterschiedlichen Bereichen Leistungen, die Personen zeigen. Von diesen Leistungen aus kann dann auf eine vorhandene Begabung zurückgeschlossen werden, aber der Zugriff auf die Begabung erfolgt immer noch moderiert über eine entsprechende Leistung.

Ein Vorgehen, das oft erfolgt, ist die Intelligenzmessung. Intelligenz wird als Fähigkeit bezeichnet, sein Denken auf neue Forderungen einzustellen (vgl. Stern, 1916). Intelligenz wird umgangssprachlich häufig als Denken-Können bezeichnet und ist wahrscheinlich das am besten erforschte Konstrukt in der Psychologie (Berger & Schneider, 2011). Es liegen zum Beispiel viele Studien vor, die nachweisen, wie sehr Intelligenz und Schulleistungen oder auch Berufs- und Lebenserfolg zusammenhängen (z. B. Rost, 2009). Aus unserer pädagogischen Sicht ist es notwendig, zwischen Intelligenz und Begabung zu differenzieren. Um zu illustrieren, wieso wir das so sehen, werfen wir zum einen fünf Diskussionsfragen auf, die am Ende dieses Kapitels in einer Quintessenz auch noch einmal gebündelt betrachtet werden.

Fallbeispiel Lotta (Hach, 2019)

> **Leseempfehlung**
> Hach, L. (2019). *Grüne Gurken*. München: Mixtvision.

Zum anderen machen wir Sie an dieser Stelle mit Lotte bekannt, mit der wir diese Diskussionsfragen durchspielen. Lotte aus dem Roman *Grüne Gurken* von Lena Hach (2019) ist 14 Jahre alt, tollpatschig, selbstironisch und gerade unfreiwillig mit ihren Eltern aus einem hessischen Dorf nach Berlin Kreuzberg umgezogen. Neben der Herausforderung, mit dem Umzug in die Großstadt und der ersten Liebe umzugehen, hat sie noch ein Problem:

> »Bestimmt ist es schon deutlich geworden: Meine Familie ist überdurchschnittlich clever. Ich bin die unfreiwillige Ausnahme. Deshalb halte ich das Ergebnis meines letzten IQ-Testes auch geheim.« (Hach, 2019, S. 11)

Gleich mehr zu Lotte.

Erste Diskussionsfrage: Was misst ein Intelligenztest?

Die Höhe der Intelligenz wird mit Hilfe von Intelligenztests gemessen. Haben Sie schon einmal selbst einen Intelligenztest bearbeitet? Oder waren Sie dabei, wenn jemand einen Intelligenztest bearbeitet hat? Wahrscheinlich haben Sie die eine oder andere typische Aufgabe eines solchen Intelligenztestes vor Augen. Für Lotte sehen Intelligenztests wie folgt aus:

> »Auf jeden Fall haben meine Eltern mich noch nicht aufgegeben. Jahr für Jahr schleppen sie mich in ein wechselndes Konferenzhotel zur offiziellen Aufnahmeprüfung. Da schwitze ich dann zwischen anderen, mehr oder weniger ehrgeizigen Sprösslingen von definitiv ehrgeizigen Menschen. Und wir alle suchen das nächste logische Zeichen für irgendeine bescheuerte Reihe. Muss ich erwähnen, dass meine Cousins und Cousinen es auf Anhieb geschafft haben?« (Hach, 2019, S. 11–12)

1 Verschiedene Perspektiven auf Begabung

Bei einem Intelligenztest bekommen Sie also beispielsweise Reihen von Mustern vorgelegt und müssen entscheiden, wie das Muster weitergeführt wird oder aber, welches Muster nicht in die vorgegebene Reihe passt. Sie bekommen eine ganze Reihe solcher Aufgaben, die Sie in einer vorgeschriebenen Zeit bearbeiten müssen. Am Ende werden dann die korrekten Ergebnisse zusammengezählt und in das Verhältnis zu Ihrem Lebensalter gesetzt. Der Begriff Intelligenzquotient kommt daher, dass lange Zeit das Ergebnis im Intelligenztest in ein Intelligenzalter übertragen und das dann durch das Lebensalter geteilt wurde. Es wurde also ein Quotient gebildet. Heute ist das Vorgehen angepasst worden, aber der Begriff ist geblieben (Stumpf & Perleth, 2019).

Und schon haben Sie den Intelligenzquotienten, also den IQ. Der IQ wird mithilfe von Intelligenztests sehr zuverlässig gemessen. Ein Intelligenztest erfasst also das Denken des Menschen, die kognitiven Fähigkeiten.

Wenn Sie eine vergleichsweise große Gruppe von Menschen bitten, einen Intelligenztest durchzuführen, werden Sie feststellen, dass die Testergebnisse eine große Spannweite abdecken. Wenn Sie der gleichen Gruppe einen anderen Intelligenztest vorlegen, werden Sie feststellen, dass die Ergebnisse der einzelnen Testpersonen vergleichbar ausfallen. Sollten Sie eine Gruppe von Kindern bitten, einen Intelligenztest durchzuführen, werden Sie auch hier ähnliche Variationen hinsichtlich der Ergebnisse feststellen. Werden die Kinder älter und Sie testen diese erneut mit einem Intelligenztest, werden Sie feststellen, dass sich die Testergebnisse der Kinder zwar verändern, die Relation der Testergebnisse unterhalb der Kinder aber vergleichbar bleibt (Boring, 1923).

Intelligenz ist also zuverlässig über einen IQ-Test messbar. Es ist natürlich gut, so ein zuverlässiges messbares Konstrukt zu haben. Aber wer mit Menschen arbeitet, weiß, dass noch mehr hinter einem klugen Kopf steckt, als vorgegebene Aufgaben in einer vorgegebenen Zeit zu lösen. Lotte beispielsweise hat eine Begabung, die nicht unmittelbar mit Intelligenztests abgebildet wird, und zwar zeichnet sie Grafiken. Andere schreiben Tagebuch, sie

Teil 1 Hintergrund

entwirft Torten-, Block- und Mengendiagramme. So wie dieses hier:

■ Weil ich so gut Zusammenhänge herstellen kann
■ Weil ich so gut Zahlenreihen fortsetzen kann
■ Weil ich so gut abstrahieren kann
■ Weil er mein Vater ist

Abb. 1: Warum jemand denkt, ich sei hochbegabt (Hach, 2019, S. 13)

Zweite Diskussionsfrage: Wie viel sagt ein Intelligenzwert aus?

Mit dem IQ liegt also ein gutes Vergleichsmaß für intellektuelle Fähigkeiten vor, die in einem entsprechenden Test abgefragt werden – nicht mehr und nicht weniger. Er wird häufig als Schwellenwert, als sogenanntes Cut-Off-Kriterium genutzt, um beispielsweise den Zugang zu einem speziellen Förderprogramm zu gewähren oder zu verweigern. Erzielt eine Person in einem Intelligenztest etwa einen IQ-Wert von über 115 Punkten, gilt sie als überdurchschnittlich intelligent. Erzielt sie einen Wert von über 130 Punkten, gilt sie als weit überdurchschnittlich intelligent. In unserer Gesellschaft bedeutet der erreichte Wert von 130 zum Beispiel – zumindest vereinfacht ausgedrückt –, dass die Person von nun an als hoch intelligent bezeichnet wird und beispielsweise in den Verein *Mensa in Deutschland e.V.* eintreten kann.[2] Lottes Ergebnis im Intelligenztest reicht nicht als Eintrittskarte aus. Sie äußert sich wie folgt zur Höhe ihres IQ:

»Es reicht zu wissen, dass ich damit kein Mitglied im Verein der Intelligenzbestien werden kann. Den Verein gibt es wirklich. Nur er heißt anders, irgendwas mit Gesellschaft und hochbegabt. Oder war es Gemeinschaft und gottbegnadet? (Das gehört zu den Dingen, die ich verdränge.) [...] Verständlicherweise sind meine Eltern enttäuscht. Schon ihre Eltern und Großeltern waren in dem Verein. Es ist sozusagen Familientradition. Wie Käsefondue zum Jahreswechsel. Und Sommerurlaub in der Toskana.« (Hach, 2019, S. 11).

Für Lotte sind Intelligenztestungen durch die Erwartungen ihrer Familie an großen Stress und Frust gebunden. Nicht wirklich gute Voraussetzungen, um in einer solchen Testsituation gut abzuliefern, oder?

Und selbst wenn Diagnosen unter kontrollierten Bedingungen erstellt werden, macht die Tagesform einiges aus: Sind Sie gesund oder haben Sie einen Schnupfen? Haben Sie gut geschlafen? Sind Sie nervös? Kennen Sie das Prinzip, nach dem Intelligenztests funktionieren? Wie sympathisch oder unsympathisch ist Ihnen die testende Person?

Das berühmteste Beispiel, inwieweit die Aussagekraft eines Intelligenzwertes vor allem mit Blick auf den beruflichen oder allgemeinen Lebenserfolg eingeschränkt sein kann, ist eine Langzeitstudie von Lewis Terman mit dem Titel »Genetic Studies of Genius« (Terman, 1925). Terman ging davon aus, dass geistige Fähigkeiten bereits im frühen Alter festgestellt werden können und sich im weiteren Lebensverlauf nicht wesentlich ändern. Anfang der 1920er Jahre begann er eine Längsschnittstudie mit

---

2 Mensa in Deutschland e.V. ist ein Verein mit ca. 15.000 Mitgliedern und dem Ziel, hochintelligente Menschen zu vernetzen. Eintreten kann, wer in einem anerkannten IQ-Test ein besseres Ergebnis als 98 % der Bevölkerung erzielen würde und zum Zeitpunkt der Testung mindestens sechs Jahre alt ist (Mensa in Deutschland e.V.).

1.500 hochbegabten Personen. Terman wandte ein zweistufiges Auswahlverfahren für die Probandinnen und Probanden seiner Studie an. Zunächst wurden Kinder von ihren Lehrerinnen und Lehrern vorgeschlagen, die als besonders intelligent bzw. leistungsfähig eingeschätzt worden waren. Diese nahmen dann an einem Intelligenztest teil und wurden in die Studie aufgenommen, wenn sie mindestens einen IQ-Wert von 135 Punkten erzielt hatten. Kinder, die keinen solch hohen IQ-Wert erreicht hatten, wurden aus der Studie ausgeschlossen. Die beiden Jungen Walter Alvarez und William B. Shockley schnitten im Intelligenztest nicht hoch genug ab, als dass sie an Termans Studie teilnehmen durften. Beide Jungen wurden allerdings später jeweils mit dem Nobelpreis für Physik ausgezeichnet. Von Termans hoch intelligenten Studienteilnehmerinnen und -teilnehmern erhielt niemand einen Nobelpreis.

Dritte Diskussionsfrage: Kommt es auf einzelne IQ-Punkte an?

Wir gehen davon aus, dass ein gewisses Maß an Intelligenz – oder sollen wir es besser Denkfähigkeit nennen? – gegeben sein muss, um beispielsweise herausragende Leistungen in einem bestimmten Bereich zu erreichen. Aber: Macht es einen Unterschied, ob eine Person im IQ-Test einen Wert von 129 oder 131 erreicht hat? Geht man nach den gängigen Cut-Off-Kriterien vor, dann sind diese zwei Punkte Differenz entscheidend dafür, ob die getestete Person an einem entsprechend ausgerichteten Begabungsförderungsprogramm teilnehmen darf oder nicht. Das mag aus mathematisch-statistischer Perspektive ein klares und nachvollziehbares Kriterium sein. Aus pädagogischer Sicht ist es das nicht. Denn wenn die oben gezeigten Punkte mitgedacht werden, unter deren Umständen IQ-Werte ermittelt werden, dann kann man auch sagen, dass der erreichte IQ-Wert ein Minimum dessen sein kann, was eine Person erreichen kann, nicht aber ein Maximum. Aus pädagogischer Perspektive kann es fatal sein, Entscheidungen anhand solcher Werte zu treffen. Vielmehr erscheint es sinnvoll, andere oder zumindest weitere Kriterien mit einzubeziehen, wenn Zuweisungsentscheidungen getroffen werden.

Für die individuelle Entwicklung in einem Bereich wird es nicht entscheidend sein, ob die Person einen IQ-Wert von 129 oder 131 erreicht hat. Vielmehr stellt sich die Frage, wie eine solche Person eine anregende Förderung erhalten kann, die ihren Entwicklungsmöglichkeiten entspricht. Hinzu kommt die Überlegung, dass neben der Persönlichkeitsentwicklung auch die Frage steht, wie Personen in der Gesellschaft wirken können im Sinne von Partizipation und Teilhabe. Denn ihr gesellschaftliches Engagement wird es nicht betreffen, ob eine Person den Cut-Off-Wert überschreitet oder nicht. Vielmehr sind es die Rahmenbedingungen, die diesen Personen die Zugänge ermöglichen oder aber auch verschließen. Es gibt also andere Faktoren als den IQ, die großen Einfluss ausüben, ob und wie Kinder, Jugendliche oder Erwachsene ihre Potenziale nutzen, etwa Entwicklungsräume, Persönlichkeit oder entscheidende Wegbegleiterinnen und Wegbegleiter.

Für unsere Romanfigur Lotte ist es zum Beispiel der unfreiwillige Umzug nach Berlin, der sie in ein neues und zunächst ungeliebtes Umfeld bringt, und der Zufall, dass sie aufgrund einer Notsituation unfreiwillig in einem Kiosk aushelfen muss. In diesem ungewohnten Umgebung hat sie einen Rahmen, in dem sie sich neu entfalten kann und der sich klar abhebt von den Ansprüchen, die etwa die Eltern an sie stellen. Sie macht die Entdeckung, dass sie herausragend Ordnung, Struktur und kaufmännisches Talent in die Kioskführung einbringen kann, und entwickelt aus diesen unbeabsichtigten neuen Erfahrungen ein neues Selbstvertrauen in ihr Können und Handeln.

Vierte Diskussionsfrage: Wie wirkt ein IQ-Test auf die getestete Person?

Selbstverständlich gibt es gute Gründe, eine IQ-Diagnostik durchzuführen – zum Beispiel, wenn die Frage beantwortet werden soll, ob ein Schulversagen in Form schlechter Schulleistungen mit einer Über- oder Unterforderung zusammenhängt oder ob das Überspringen einer Klassenstufe wirklich sinnvoll ist. Aber auch hier ist, mit Verweis auf die obige Argumentation, ein IQ-Test nur ein Mittel der Wahl, das pädagogisch zu rahmen ist. Denn das Ergebnis eines Intelligenztests ist mehr als eine einfache Zahl, es ist verbunden mit gesellschaftlichen Erwartungen, vor allem aber auch mit dem eigenen Selbstbild. Unsere Romanfigur Lotte kennt die Testsituation und hält sich bewusst von den Testungen fern.

Wie sich das Ergebnis eines Intelligenztests auswirken kann, ist zum Beispiel im Roman *Sand* von Wolfgang Herrndorf zu lesen. Hier ist es der Polizist Polidorio, der eher durch Zufall einen Intelligenztest macht und dessen Ergebnis, wie eine schwere Bürde, starken Einfluss auf sein weiteres Leben hat:

> »Polidorio hatte einen IQ von 102, errechnet nach einem Fragebogen für französische Schulkinder im Alter von zwölf bis dreizehn Jahren. Den Fragebogen hatten sie im Kommissariat als Packpapier für in Marseille gedruckte Formulare gefunden und nacheinander mit Bleistift ausgefüllt, in der vorgeschriebenen Zeit. Polidorio war schwer betrunken gewesen.« (Herrndorf, 2011, S. 9)

In einer Nacht der langen Akten führt der Polizist Polidorio aus einer Laune heraus in nicht-nüchternem Zustand einen IQ-Test durch. Dieses Testergebnis ist somit in keiner Weise ein verlässliches Ergebnis, dem Polidorio Wert beimessen sollte. Und dennoch liest die Leserin bzw. der Leser weiter:

> »Und dann eben dieser verhängnisvolle IQ-Test. An die meisten Erlebnisse der fatalen Nacht konnte Polidorio sich hinterher nur noch undeutlich erinnern. Aber das Testergebnis blieb hängen. Einhundertzwei. [...] [D]ie eigene Zahl stand von nun an festbetoniert in seinem Gedächtnis. Obwohl er sicher war, dass er im nüchternen Zustand mehr Punkte erzielt hätte [...], fiel ihm das jetzt jedes Mal wieder ein, wenn er etwas nicht verstand. Wenn er etwas mühsamer begriff als andere, wenn er Sekundenbruchteile später über einen Witz lachte als seine Kollegen. Polidorio hatte sich immer für einen verständigen und begabten Menschen gehalten. Wenn er nun zurückblickte, wusste er nicht, worauf sich diese Überzeugung gegründet hatte. [...] Achtundzwanzig Jahre lang hatte er keinen Gedanken an die Höhe und Messbarkeit seiner Intelligenz verschwendet – jetzt dachte er manchmal an nichts anderes mehr.« (Herrndorf, 2011, S. 10–11)

Dieses Beispiel mag verdeutlichen, was eine solche Diagnose bewirken kann. Das gilt für unterdurchschnittliche, durchschnittliche und überdurchschnittliche Werte. Was macht es mit einem jungen Menschen und seinem Umfeld, zu wissen, dass er weitaus besser in einem Intelligenztest abgeschnitten hat als eine Alterskohorte? Sicherlich kann ein solches Ergebnis Anreiz zu herausragenden Leistungen bieten. Kann es nicht aber auch dazu einladen, sich auf den Lorbeeren auszuruhen, frei nach dem Motto: »Ich bin sehr klug, die Aufgabe ist zu leicht für mich, auf dieses Niveau muss ich mich nicht herablassen?« Welche Folgen ein einfaches Ergebnis – dessen Testumstände genau wie bei Polidorio nicht unbedingt uneingeschränkt gut gewesen sein müssen – auf Denkweisen und Haltungen der eignen Person und des Umfeldes haben kann, ist gar nicht einfach zu überblicken.

Fünfte Diskussionsfrage: Wann ist eine Intelligenzdiagnostik sinnvoll?

Der Begriff Diagnose umfasst die Prüfung des körperlichen wie auch psychologischen Bestandes (Wirtz, 2020), ist meist medizinisch oder psychologisch geprägt und steht im Zusammenhang mit einem Störungsbegriff. Wenn man also nicht gerade wie Lottes Eltern einfach wissen will, ob die eigenen Kinder mindestens genau so intelligent sind wie man selbst, gibt es in der Regel einen wichtigen Anlass. Wenn man ein Problem hat, dann geht man zum Arzt, dieser stellt eine Diagnose und verschreibt die richtige Therapie zur Heilung. In der Schulpädagogik ist der Begriff der pädagogischen Diagnostik geläufig, die oftmals ähnlich gelagert ist wie das medizinische oder psychologische Pendant. Über standardisierte Testverfahren lassen sich bestimmte Fähigkeiten ermitteln und auf Grundlage dieses Ergebnisses können in der Schule konkrete Angebote gemacht werden, etwa um Defizite im Lesen oder Rechtschreiben systematisch anzugehen. Mit Blick auf das Thema Begabung erscheint aber ersichtlich, dass eine hohe Begabung keine Störung ist, die geheilt werden muss, sondern der Pädagoginnen und Pädagogen auf ganz andere Weise begegnen müssen. Es geht hier weniger um Fragen der Intervention als vielmehr der Gestaltung und Raumgebung.

In der pädagogischen Praxis wird zu Intelligenzdiagnostiken geraten, wenn Kinder, Jugendliche oder Erwachsene nicht so funktionieren, wie dies gewünscht ist. Schülerinnen und Schüler gehen in der Schule etwa über Tische und Bänke, zeigen sich massiv gelangweilt und machen ihren Lehrerinnen und Lehrern das Leben schwer. Mit einer Intelligenzdiagnostik wird dann versucht zu belegen, dass die Unterforderung ein Grund für unangepasstes Verhalten ist. Liegt eine positive Diagnostik vor, dann greifen in der Schule eventuell spezielle Maßnahmen wie das Überspringen von Klassen, die Teilnahme an außerunterrichtlichen Projekten oder das Juniorstudium.

Aber diese Beschreibung geht immer von Problemen aus. In der Forschung (z. B. Erkenntnisse des Marburger Hochbegabten Projekts von Rost) lässt sich jedoch zeigen, dass Begabungen nicht mit negativem Sozialverhalten oder sonstigen Problemen einhergehen müssen. Oftmals fallen Begabungen gar nicht auf, werden nicht erkannt und spielen in pädagogischen Zusammenhängen dann eine untergeordnete Rolle. Wenn es das pädagogische Ziel ist, eine Person dabei zu unterstützen, die eigenen Potenziale zu entfalten, die Persönlichkeit zu entwickeln und ein gelungenes Leben zu führen (was auch immer das im Einzelnen sein mag), dann greift eine Orientierung am Intelligenzquotienten zu kurz. Welche Möglichkeiten Pädagoginnen und Pädagogen haben, werden wir in den einzelnen tiefergehenden Kapiteln im zweiten Teil dieses Buches genauer betrachten.

Und was macht Lotte aus dem Roman *Grüne Gurken*?

»»Ein Job?‹, fragt Papa. ›Ich fände es besser, Lotte würde die Zeit nutzen, um zu trainieren. Die nächste Prüfung ist im September. Es gibt da ein paar tolle neue Apps –‹
›Im September schon?‹, ruft Mama. ›Dann könnte Lotte doch auf dem Weg zur Arbeit trainieren.‹
Ein ungutes Gefühl breitet sich in meiner Magengegend aus. Ich weiß, dass Anfang Herbst ein neuer Intelligenztest ansteht. Der entscheidet dar-

über, ob ich vielleicht doch in den Verein meiner Eltern darf.« (Hach, 2019, S. 32)

Lottes Eltern sind hier diejenigen, die meinen, ein Intelligenztest sei wichtig. Lottes eigene Meinung dazu (und die tut sie durchaus kund) ist dagegen für die Eltern kein Entscheidungskriterium. Der Test dient hier zur Vereinsaufnahme, die Diagnose ist die Eintrittskarte in den illustren Kreis. Als später im Verlauf der Geschichte der besagte Test ansteht, ist es dann doch Lotte, die die Entscheidungen trifft. Sie lässt sich breitschlagen, den Test zu machen, auch wenn sie es eigentlich nicht will. Die Vorbereitungen auf den Test hat sie nicht ernstgenommen, aber dennoch ist dieses Mal alles anders:

»Dieses Mal läuft es. Es läuft richtig gut. Das merke ich sofort. Ich vervollständige Reihen mit der nächsten logischen Ziffer und markiere kleine Kästchen, bei denen mein räumliches Denken geprüft wird. Habe ich eine Antwort gegeben, wende ich mich der nächsten Aufgabe zu. Ich denke scharf nach. Aber ich habe nicht wie sonst das Gefühl, dass mein Kopf jeden Moment zerplatzen könnte. Vielleicht, weil mir mein Ergebnis zum ersten Mal völlig egal ist. Und einen kurzen Moment bin ich einfach nur da, mit allen Sinnen. Ich schmecke den Traubenzucker auf meiner Zunge, fühle den Stift in meiner Hand. Ich höre, wie seine Mine über das Papier kratzt, das Ticken einer Uhr und die Atemzüge der Menschen um mich herum. Und als jemand nach frischer Luft fragt und das Fenster neben mir weit geöffnet wird, kann ich frisch gemähtes Gras riechen. Auf einmal weiß ich auch, was ich Nächstes tun muss. Es liegt ganz klar vor mir.« (Hach, 2019, S. 210)

So viel zu Lotte. Was sie im Weiteren tut, nehmen wir an dieser Stelle nicht vorweg, aber die Relevanz des Intelligenztests und die zugemessene Bedeutung bringen hier deutlich einen Stimmungswechsel.

Quintessenz

Intelligenz hat einen starken Einfluss auf die persönlichen Entscheidungsmöglichkeiten, Perspektiven und Strukturen und kann mithilfe von IQ-Tests messbar gemacht werden. Gleichzeitig bedarf es einer kritischen Einschätzung der hier erzielbaren Ergebnisse. Die Frage der Selbstwahrnehmung und der Fremdwahrnehmung sind in diesem Zusammenhang relevant in der Ergebnisinterpretation. Wenn bedacht wird, wofür ebensolche Tests oftmals eingesetzt werden – nämlich zur Selektion –, dann bedarf es der kritischen pädagogischen Prüfung der zugrundeliegenden Normen und Werte für solche Entscheidungen. Hier mögen die vorangegangenen Absätze sensibilisiert haben. Aus dieser kritischen Perspektive heraus ergibt sich aber auch Verantwortung für die pädagogischen Prozesse. Wenn Intelligenztests nur ein bedingt probates Mittel sind, um Begabungen aufzuspüren, dann bedarf es anderer Instrumente für die pädagogische Praxis.

Wir sind der Auffassung, dass Begabung nicht mit Intelligenz gleichzusetzen ist, da Intelligenz nur einige Aspekte beachtet und herausstellen lässt. Aus einer pädagogischen Perspektive erscheint es sinnvoller und zielführender, weniger festzustellen, ob jemand mehr oder weniger oder sogar höchst intelligent ist, sondern stattdessen Begabungen in allen Formen zu schätzen und zu fördern. Unserer Auffassung nach ist der Begabungsbegriff ein für die Pädagogik deutlich nützlicherer als der Intelligenzbegriff. Begabung ist mehr als nur Intelligenz. Entsprechend sollte bei hoher Intelligenz nicht von »Hochbegabung« bzw. »hochbegabt«, sondern von »hoher Intelligenz« bzw. »hochintelligent« gesprochen werden. Denn wenn Begabung mit Intelligenz gleichgesetzt wird, ist das ist eine starke Einschränkung auf lediglich die kognitive Komponente von »Begabung« und lässt viele Begabungsaspekte (zum Beispiel musikalische Begabung) außen vor. Eine entsprechende Perspektive eröffnet das folgende Kapitel, in dem Begabung als Konstrukt in verschiedenen Bereichen herausgestellt wird.

1.2 Begabungsbereiche

Wir haben bisher deutlich gemacht, dass wir zwischen Begabung und Intelligenz unterscheiden sollten, weil Begabung mehr als nur Intelligenz ist. Nun werden wir uns mit verschiedenen Bereichen von Begabungen beschäftigen und Ihnen zunächst erneut einige Fragen stellen, um Ihre Perspektive zum Thema abzufragen. Vielleicht ist es für Sie hilfreich, die eigene Begabungsdefinition und die ersten Auseinandersetzungen dabei zur Hand zu nehmen. Notieren Sie sich bitte auch dieses Mal Ihre Überlegungen zu den folgenden Fragen.

> Wie sehen Sie die Unterscheidung zwischen Begabung und Intelligenz?
> Welche weiteren Bereiche sehen Sie neben Intelligenz, die Sie mit Begabung in Verbindung bringen?

Erfahrungsgemäß werden Sie Dinge notiert haben, die konkrete Bereiche benennen, etwa den Sport, Musik und Kunst. Vielleicht spielen auch emotionale Fragen oder Beziehungsfragen eine Rolle in Ihren Überlegungen.

Eine Möglichkeit der Systematisierung und Strukturierung bietet Howard Gardner mit seiner Theorie der multiplen Intelligenzen. Dies kann vielleicht verwirren, nachdem wir im vorangegangenen Kapitel den Intelligenzbegriff diskutiert und aus der pädagogischen Perspektive heraus begründet haben, warum Intelligenz ein nicht hinreichender Indikator für die Frage der Begabung und Begabungsförderung sein kann. Verwirren gerade deshalb, weil Gardner von Intelligenzen spricht und nicht von Begabungen. Aber von Anfang an:

Gardner ist ein US-amerikanischer Erziehungswissenschaftler, der besonders unter Pädagogen und Pädagoginnen mit seinen Ansätzen auf Anklang stößt. Seit den 1980er Jahren kritisiert Gardner die traditionelle Intelligenztheorie und hat eine alternative Theorie aufgestellt: die der multiplen Intelligenzen, womit er sich vom IQ verabschiedet (z. B. Gardner, 2013). Gardner teilt sieben Intelligenzen ein, die er völlig unabhängig voneinander sieht.

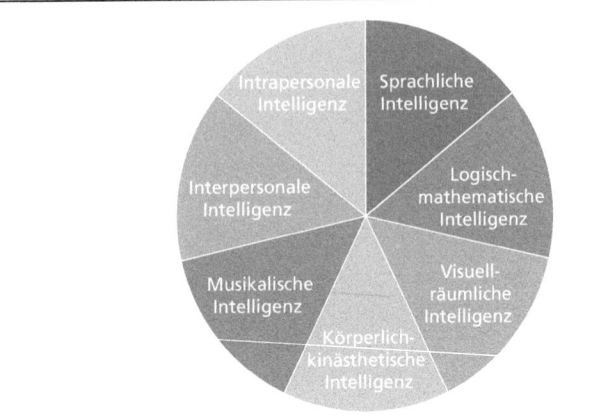

Abb. 2: Sieben Intelligenzen nach Gardner (2013; eigene Darstellung)

1. *Sprachliche Intelligenz* im Sinne von Umfang und Vernetzung des Wortschatzes und sprachlichen Fähigkeiten, wie sie Dichterinnen und Dichtern zugeschrieben werden.
2. *Logisch-mathematische Intelligenz* im Sinne des Umgangs mit Zahlen und Aufgabenstellungen des schlussfolgernden Denkens.
3. *Visuell-räumliche Intelligenz* im Sinne einer guten Vorstellung von räumlichen Objekten, wie sie Architektinnen und Architekten oder Ingenieurinnen und Ingenieure benötigen.
4. *Körperlich-kinästhetische Intelligenz* im Sinne psychomotorischer Fähigkeiten, die zum Beispiel Tänzerinnen und Tänzer oder Sportlerinnen und Sportler aufweisen.
5. *Musikalische Intelligenz* im Sinne eines Gefühls für Rhythmus und Tonhöhen sowie Fähigkeiten, Emotionen musikalisch auszudrücken oder zu erfassen.

> 6. *Interpersonale Intelligenz* im Sinne der Fähigkeit, die Befindlichkeiten Anderer differenziert wahrnehmen, einschätzen und das eigene Verhalten darauf abstimmen zu können.
> 7. *Intrapersonale Intelligenz* im Sinne der Sensibilität gegenüber den eigenen Gefühlen, Motivationen und Zielen.

Die Sichtweise Gardners ist besonders in den USA, aber auch im deutschsprachigen Raum ziemlich populär, auch wenn sie nur schwach wissenschaftlich abgesichert ist (Stumpf & Perleth, 2019). Und seit Gardner nun auch eine naturalistische und eine spirituelle Intelligenz ergänzend hinzugefügt hat, dürfte Ihnen als Leserin oder Leser klar werden, dass diese Art der Intelligenzen schwer abzugrenzen, nachzuweisen und zu messen ist.

Sprachliche, logisch-mathematische und visuell-räumliche Intelligenz sind Bereiche, die auch mit Intelligenztests erfasst werden können. Wie ist es aber mit der Fähigkeit, den Körper oder einzelne Körperteile zur Problemlösung oder zur Gestaltung von Produkten einzusetzen, sprich körperlich-kinästhetischer Intelligenz? Es ist also wenig verwunderlich, dass Gardner von Seiten psychologischer Forschung harsch kritisiert wird. Gleichzeitig stößt Gardners Ansatz dennoch auf große Resonanz, denn Gardner schafft es, sich mit seiner Theorie vom engen Intelligenzkonstrukt loszueisen, und eröffnet einen ganzheitlichen und mehrperspektivischen Blick auf das Themenfeld Begabung. Aus diesem Grund und trotz aller Kritik an der Theorie Gardners werden wir seine Aufteilung hier als Schablone für das Buch nutzen. Denn gerade mit Blick auf die Entwicklung komplexer pädagogischer Praktiken eröffnet Gardners Idee der multiplen Intelligenzen einen großen Handlungsraum, der die Planung und Gestaltung des pädagogischen Handelns auf viele Weisen beeinflussen kann.

Genutzt wird Gardners Theoriekonzept insofern als Vorlage, als dass die Kapitel zu einzelnen Begabungsausprägungen stark an Gardners Aufteilung orientiert sind. Allerdings nehmen wir eine Differenzierung vor: Wir sprechen nicht wie Gardner beispielsweise von musikalischer Intelligenz, sondern von musikalischer Begabung.

An dieser Stelle möchten wir Sie erneut zu einer kurzen Reflexion anregen, schreiben Sie Ihre Gedanken gerne auf.
Nehmen Sie sich einen Moment Zeit, um über die Idee der multiplen Intelligenzen Gardners genauer nachzudenken. Denken Sie an die Kinder, Jugendlichen oder Erwachsenen in Ihrem persönlichen oder auch beruflichen Umfeld.
Können Sie jeder der Begabungen einer Ihnen bekannten Person zuordnen?
Oder ist Ihr Tätigkeitsbereich so angelegt, dass Ihnen manche der Begabungen ganz besonders stark und vielleicht stärker differenziert und andere vielleicht gar nicht begegnen?
Überlegen Sie, welche Begabungen Ihnen in Ihrem Alltag begegnen, welche Sie selbst gut erkennen können und wo Sie vielleicht auch wenig Berührungspunkte haben.

Wenn Sie diese Reflexionsaufgabe angegangen sind, dann werden Sie sich auf sichtbar gezeigte Merkmale der Person fokussiert haben. Bis sich Potenzial aber sichtbar in Leistung zeigt, ist zuvor ein komplexer Prozess mit verschiedenen Wechselwirkungen abgelaufen. Davon handelt das folgende Kapitel.

1.3 Begabung als Wechselspiel

Wir haben nun erläutert, warum wir uns von einer einseitigen Orientierung am IQ distanzieren, und bringen uns (und Sie) damit in Schwierigkeiten. Ein IQ als Maß aller Dinge, das wäre schön: Ein klarer Wert, der Orientierung gibt. Aber es gehört noch viel mehr dazu, was sich auf die Komplexität zum Erkennen von Begabung

1 Verschiedene Perspektiven auf Begabung

auswirkt. Wir plädieren für einen komplexen Zugang, der die Kinder, Jugendlichen und Erwachsenen als Personen berücksichtigt und die Umgebungen, in denen die Personen sich befinden, beachtet werden.

> Dafür wollen wir Sie erst einmal wieder selbst aktivieren. Bitte überlegen Sie für sich:
> Wo und wie wird in Ihrem Handlungsbereich Begabung sichtbar?

An dieser Stelle haben Sie vielleicht noch einmal auf Ihre Begabungsdefinition geschaut oder sie zumindest im Kopf gehabt. Und auch hier können wir von den verschiedenen Facetten ausgehen, die Sie für sich notiert haben: Sie werden wahrscheinlich irgendeine Form von Performanz aufgeschrieben haben. Wie wir oben schon angemerkt haben, ist Begabung ein Konstrukt, das sich nicht direkt beobachten lässt, sondern auf das wir rückschließen müssen. Um dies zu tun, brauchen wir konkrete Anhaltspunkte:

- Eine Spielerin in Ihrer Handballmannschaft hat ein gutes Ballgefühl und viel Übersicht für das Spiel insgesamt, sie kann sich Räume erschließen, Spielzüge voraussahnen.
- Ihr Klavierschüler ist deutlich weiter als andere, er beherrscht schwierige Stücke, vielleicht komponiert er auch selbst und zeigt hier ganz erstaunliche Leistungen.
- Ihr eigenes Kind steht vor Ihnen und verblüfft Sie mit komplexen Fragen oder Detailwissen zu Bereichen, von denen Sie selbst keine Ahnung haben.

Aufgrund dieser Performanz schließen wir auf eine Begabung. Wir vergleichen die Einzelnen mit Gleichaltrigen, wir nutzen unsere Erfahrungen als professionell pädagogisch Arbeitende und können Erfahrungen relationieren. Kurzum: Besondere Verhaltensweisen fallen uns auf, wir werden aufmerksam und fangen an, eine Begabung zu vermuten. Auf dieser Basis gestalten wir dann im Optimalfall die nächsten Angebote: Das Handballtraining wird komplexer, vielleicht bieten Sie spezielle Leistungsgruppen an, der Klavierspieler bekommt schwierige Stücke oder andere Anregungen. Und als Elternteil gibt man Futter: auf ins Museum, in die Bücherei, zum passenden Sportverein.

Begabung ist immer eingebunden in ihren zeitlichen oder kulturellen Kontext. Begabung ist nichts Universelles, das immer und überall gleich bewertet wird.

Ein Beispiel: Sie spielen so erfolgreich Fußball, dass Sie in der ersten Liga Ihres Landes spielen können. In Deutschland, England, Spanien, Frankreich können Sie damit Multi-Millionär werden. Zumindest, wenn Sie ein Mann sind. Als Frau verdienen Sie im Schnitt in der deutschen Frauenfußballbundesliga gut 40.000 Euro pro Jahr (GLOBAL SPORTS SALARIES SURVEY 2017). Männer in der dritten Liga verdienen im Schnitt schon das Dreifache. Oder aber sie kommen aus Luxemburg. Auch da kann man als Profi Geld verdienen. Die Jahresbudgets der Clubs liegen aber verglichen mit Deutschland auf Regionalliga-Niveau (also 4. Liga). Reich werden Sie hier nicht, da müssen Sie schon ins Ausland wechseln. Auch wenn hier noch ganz andere Fragen eine Rolle spielen, etwa die Gleichbezahlung von Mann und Frau, wird deutlich, wie unterschiedlich die Honorierung ausfallen kann für das, was jemand gut kann. Die einen können davon sehr luxuriös leben, die anderen deutlich weniger.

Begabungen sind somit auch immer damit verbunden, ob sie wertgeschätzt werden in der Gesellschaft, in der Sie sich bewegen. Das gilt nicht nur für monetäre Fragen, sondern auch deutlich darüber hinaus. Viele Autorinnen und Autoren oder auch Malerinnen und Maler werden erst nach ihrem Tod für ihre Arbeit von einem breiteren Kreis geschätzt. Profitieren können sie dann hiervon nicht mehr.

Begabung ist also kulturell und historisch gebunden, sie steht immer im Zusammenhang mit gesellschaftlichen Prozessen und ist eben nicht nur an eine einzelne Person gekoppelt. Das ist auch einer der Gründe, warum wir aus unserer pädagogischen Perspektive die Festschreibung von Begabung über den Intelligenzquotienten als problematisch erachten.

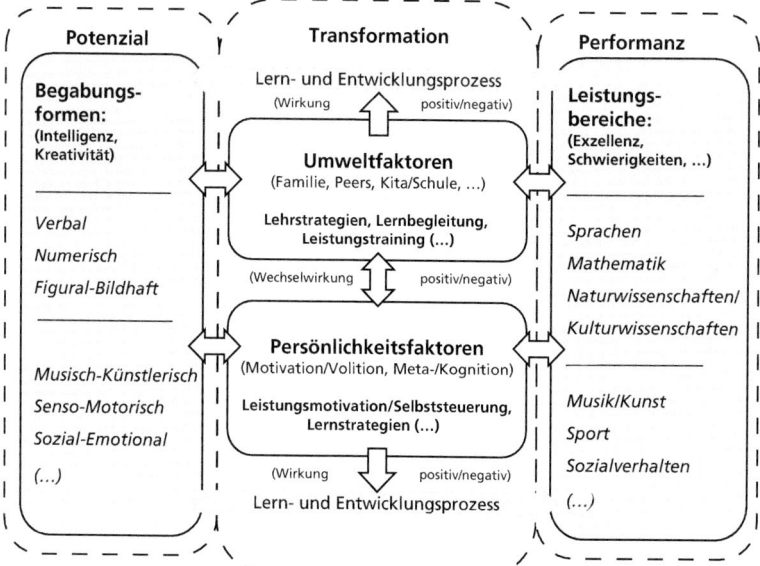

Abb. 3: Integratives Begabungs- und Lernprozessmodell (Fischer (Hrsg.) 2015. (Keine) Angst vor Inklusion. Herausforderungen und Chancen gemeinsamen Lernens in der Schule. Münstersche Gespräche zur Pädagogik, Bd. 31, S. 25)

Christian Fischer hat mit seinem Integrativen Begabungs- und Lernprozessmodell (▶ Abb. 3) eine Darstellung von Begabung geliefert, die dieser Idee gerecht wird. Begabungen sind nicht direkt beobachtbar, sondern erst dann erkennbar, wenn eine besondere Performanz wahrgenommen werden kann. Und dabei kann diese Performanz in ganz unterschiedlichen Bereichen liegen, die deutlich über das hinausgehen, was durch einen Intelligenztest erfasst werden kann. Im Anschluss an Howard Gardners Theorie der Multiplen Intelligenzen werden in dem Modell verschiedene Bereiche genannt: Verbale, numerische und figural-bildhafte Begabungen sind die, die auch in einem Intelligenztest klassischerweise getestet werden können. Musische, körperlich-kinästhetische oder inter- und intrapersonelle Begabungen heben sich hiervon aber noch einmal deutlich ab, sind in der pädagogischen Praxis jedoch nicht weniger von Bedeutung. Außerdem lässt Christian Fischer eine Hintertür auf, indem er mit Auslassungszeichen (»...«) arbeitet: Erstens ist mit diesen sechs Bereichen das Begabungsspektrum nicht unbedingt ausgeschöpft. Zweitens stehen die Bereiche miteinander in Verbindung bzw. Verknüpfung und schließen einander nicht unbedingt aus, sondern können sich produktiv ergänzen. Ein mehrdimensionales Bild von Begabung wird hier beschrieben bzw. anhand des Modells beschreibbar gemacht.

Für uns bedeutet damit Begabung in Anlehnung an Christian Fischer (2015) oder die Beratungsstelle Besondere Begabungen in Hamburg (2013) ein ausgeprägtes individuelles Fähigkeitspotenzial für herausragende Leistungen. An dieser Stelle wird also ein Unterschied zwischen Potenzial und Leistung gemacht. Denn das, was wir wahrnehmen, ist nicht eine Begabung, sondern eine Leistung, die einen Rückschluss auf eine Begabung ermöglicht.

»Begabung besagt nicht eine Ausstattung und ein Vermögen, das ein Mensch ein für allemal fix und fertig besitzt und mit dem er schalten und walten könnte, wie es ihm paßt, sondern eine Gabe, die ihm gewährt wird, wenn er sich mit Fleiß und Ausdauer einer Sache hingibt und sich um ihr Wesen, um ihr Sein bemüht.« (Ballauff, 1966, S. 20)

Es geht damit um die Wechselwirkungen zwischen Begabung, Leistung und auch Umwelt und Persönlichkeit. Umwelt und Persönlichkeit erscheinen in diesem Modell als Moderationsfaktoren. Ob eine Begabung sich entwickeln bzw. zeigen kann, liegt an vielen verschiedenen Faktoren. Auf der einen Seite steht die Umwelt: die Eltern, die Peers, der Sportverein, die Musikschule, der Kindergarten, der Offene Ganztag, die Kirchengemeinde – und damit verbunden die Möglichkeiten, die sich durch die verschiedenen Institutionen bzw. Personen ergeben können. Wenn Sie sich mit Wintersport beschäftigen, dann wissen Sie wahrscheinlich, dass die Niederlande sich nicht unbedingt als erfolgreiche Skispringnation auszeichnen. Anders sieht es aus bei den Österreichern, Schweizern oder (Süd-)Deutschen: Diese haben Trainingszentren vor der Haustür und entsprechende geografische Voraussetzungen, während in den Niederlanden der Vaalserberg als höchster Berg gerade einmal 322 Meter hoch ist.

Beispiele für die moderierenden Faktoren sind:

- Eltern interessieren sich für Musik oder Kunst und können ihren Kindern Dinge erklären, nehmen sie mit in Museen, spielen ein Instrument oder haben passende Bücher zuhause, die Horizonte eröffnen.
- Die Volleyballtrainerin erkennt das Talent einer Spielerin und empfiehlt sie für die Kreisauswahl, wo sie intensiver gefördert werden kann als in ihrer eigentlichen Mannschaft.
- Der Opa ist leidenschaftlicher Schachspieler, bringt seiner Enkelin das Spielen bei und schärft dadurch das strategische und logische Denken.
- Im Jugendzentrum werden Angebote zum Werken gemacht und ein Jugendlicher entdeckt seine Leidenschaft für die Konstruktion und die Arbeit mit Holz.

Es sind immer Personen, die miteinander in Kontakt stehen und die sich gegenseitig unterstützen können. Das beginnt beim Erkennen von Begabungen, geht aber auch deutlich darüber hinaus. Das Konzipieren von passenden Angeboten kann dabei geplant erfolgen (etwa das Empfehlen für die Kreisauswahl) oder auch auf gut Glück (etwa durch das Schaffen offener Angebote im Jugendtreff). Deutlich wird auch: Die Person oder die Personen, die diese Begabungen bei anderen erkennen oder entsprechende Angebote erstellen, müssen hier auch selbst kompetent sein: Schach kann ich meiner Enkelin nur beibringen, wenn ich es selbst spielen kann. Damit sind wir bei einer wichtigen Idee, die sich durch das gesamte Buch ziehen wird. *Begabungsförderung kann dann gelingen, wenn*

Ermöglichungsräume gestaltet werden, in denen sich die Kinder, Jugendlichen oder auch Erwachsenen entfalten können.

Auf der anderen Seite gibt es neben diesem Außen aber auch die Person selbst: Wie motiviert ist die Person, ihre Begabungen auch zu entfalten? Wie viel Mut und Selbstvertrauen hat sie, um sich neue Herausforderungen zu suchen bzw. sich diesen zu stellen? Weiß eine Person eigentlich, was sie interessiert oder worin sie besonders gut ist? Diese Fragen erscheinen vielleicht trivial, sind in der pädagogischen Praxis aber äußerst relevant.

Damit gerät auch wieder die Frage des Erkennens von Begabungen in den Blick: Als Sozialpädagoge im Jugendzentrum kann ich ein tolles Angebot machen, zu dem ich mir viele Gedanken gemacht habe, aber ich muss die potenziell Teilnehmenden auch wirklich erreichen. Dabei erscheinen immer wieder Hindernisse, die die Sicht auf die Potenziale von Kindern, Jugendlichen oder auch Erwachsenen vernebeln können.

Fallbeispiel Ally (Hunt, 2016)

Leseempfehlung
Hunt, L. M. (2016). *Wie ein Fisch im Baum* (1. Aufl.). München: cbt.

In dem Buch *Wie ein Fisch im Baum* (2016) von Lynda Mullaly Hunt ist die elfjährige Ally die Hauptfigur. Sie interessiert sich für Sprache, hat einen ausgefeilten Wortschatz, und doch kann sie nicht lesen und schreiben. Sie ist funktionale Analphabetin, wie sich herausstellt aufgrund einer Legasthenie, die in der Schule aber nie erkannt wurde. Und auch in der Familie sieht dies niemand. Ally zeichnet sich in der Schule dadurch aus, dass sie alles in Frage stellt, sich nicht an Regeln hält, ständig Ärger mit ihren Mitschülerinnen und Mitschülern hat und auf Kriegsfuß mit den Lehrpersonen steht. Die Konsequenzen sind eindeutig: schlechte Noten, Schulwechsel, keine klaren Perspektiven in der Schule. Dann kommt ein neuer Lehrer, der erkennt, dass sie nicht lesen und

1 Verschiedene Perspektiven auf Begabung

schreiben kann. Er konfrontiert sie damit, aber ohne sie zu beschämen. Er sagt ihr, was er Kluges an ihr erkannt hat, wie viel Potenzial er in ihr sieht, und schafft es so, dass sie an ihren Schwierigkeiten arbeiten will. Denn Ally kann hervorragend zeichnen, sie ist zudem widerstandsfähig und hat viel Fantasie. Diese Stärken zu sehen, trotz der gravierenden Schwierigkeiten, die Ally im Lesen und Schreiben und vordergründig im sozialen Miteinander hat, schafft Raum für Entwicklungen.

Dieses Beispiel zeigt, wie schwierig es im pädagogischen Bereich sein kann, Begabungen zu erkennen und zu fördern. Denn vielfach sind es die Sachen, die uns stören, die nicht funktionieren, die wir sehen, wenn wir auf eine Person schauen. Und das gilt nicht nur, wie bei Ally, für Lehrpersonen in der Schule, die sich gestört und angegriffen fühlen oder die mangelnde Lese- und Schreibkompetenz von Ally wahrnehmen. Eltern haben für eine bestimmte Begabung vielleicht kein Gespür und können entsprechend keine förderlichen Angebote unterbreiten, anderen fehlen aber auch die finanziellen Ressourcen, um ihre Kinder angemessen zu fördern. Probleme in einem Bereich können Begabungen in einem anderen Bereich deutlich überlagern. Sie überdecken die Möglichkeiten, die in einer Person stecken.

Oftmals wissen wir es gar nicht, wenn die Personen, mit denen wir zusammen pädagogisch arbeiten, über besondere Begabungen verfügen. In Gesprächen bekommt man dann oftmals einen Hinweis, was die andere Person besonders interessiert: Kindergartenkinder haben ein großes Wissen über die Steinzeit, kennen Fossilien und gehen selbst gerne in den Steinbruch. Im Offenen Ganztag erzählen die Schülerinnen und Schüler ganz beiläufig bei den Hausaufgaben, dass sie sich mit schwarzen Löchern beschäftigen und Stephen Hawking spannend finden. Oftmals sind es Themen oder Fragen, von denen berichtet wird, die eigentlich gar nichts mit dem zu tun haben, worum es eigentlich gehen sollte. Aber genau dort zeigen sich Anknüpfungspunkte für das gemeinsame Arbeiten. Um herauszufinden, was Kinder, Jugendliche oder Erwachsene in ihren Begabungen besonders anspricht, ist die Idee des Förderns auf Verdacht eine Möglichkeit, hier Räume für individuelle Entwicklungen zu schaffen. Werden Angebote eingebracht, die es so noch nicht gab, die andere Fertigkeiten und Fähigkeiten ansprechen als das, was regulär gefordert und gefördert wird, dann kommen auch diejenigen aus ihrer Ecke, die man als pädagogische Fachkraft vielleicht gar nicht großartig wahrgenommen hat. Denn neue Angebote eröffnen neue Räume und bieten die Chance, alteingefahrene Routinen zu verlassen und neue Aspekte des Gegenübers kennenzulernen. Dieser Herangehensweise kann als Fördern auf Verdacht bezeichnet werden.

Denken Sie nun noch einmal zurück an den Anfang des Kapitels. Hat sich Ihre Auffassung zur Begabungsdefinition durch die Ausführungen geändert? Wenn ja, wie?

Ein Aspekt, der an einigen Stellen schon oben anklang und gerade in den musischen Bereichen immer wieder stark mit dem Begriff Begabung assoziiert wird, ist Kreativität. Damit verbunden ist die Frage, welche Rolle Kreativität beispielsweise bei herausragenden Leistungen spielt und wie dies mit der Idee von Begabung zusammenhängt. Dieser Fragestellung ist das Folgekapitel gewidmet.

1.4 Begabung und Kreativität[3]

Begabung und Kreativität werden häufig in einem Atemzug genannt. Kreativität ist ein ähnlich schillernder Begriff wie Begabung. Beide Begriffe werden mit Außergewöhnlichem und Pro-

---

3 Dieser Abschnitt basiert auf folgendem Artikel: A. Vohrmann (2022). Kreativität im Kontext von Begabung am Literaturbeispiel Artemis Fowl. In K. Farkas, B. Laudenberg, J. Mayer & D. Rott (Hrsg.) (2022). Begabte Figuren in Literatur und Unterricht (S. 29–42). Münster: Waxmann.

blemlösungen verknüpft und gehören eng zusammen. Wie sie genau zusammengehören, ist nicht endgültig geklärt. Ist Kreativität ebenso eine Schlüsselkomponente wie Intelligenz oder eine notwendige Voraussetzung für Begabung? Bevor wir uns der Bedeutung von Kreativität widmen, zunächst einige Fragen zur Aktivierung an Sie:

> Was ist für Sie kreativ?
> Wer ist für Sie kreativ?

Wenn wir Ihre Antworten nun sammeln würden, würde uns ein sehr vielfältiges Bild erwarten. Vielleicht ist für Sie kreativ, wenn jemand gern bastelt und gestaltet? Vielleicht jemand, der oder die auf unkonventionellem Wege Probleme löst? Oder jemand, der oder die viele verschiedene Interessen mitbringt? Ein Erfinder oder eine Erfinderin? Eine Problemlöserin oder ein Problemlöser? Ein Künstler oder eine Künstlerin? Dass die Antworten so unterschiedlich ausfallen, liegt sicherlich daran, dass Kreativität als Fähigkeit, Neues und Nützliches zu schaffen, nicht nur im künstlerischen Bereich eine Rolle spielt, sondern in allen möglichen Domänen (Thomä, 2016).

Es heißt, kreative Persönlichkeiten seien

- offen,
- risikobereit,
- abenteuerlustig,
- autonom,
- unkonventionell,
- breit interessiert sowie
- mit einem Sinn für Ästhetik ausgestattet (Fink, 2016, S. 8).

Kreativität ist also ein Konstrukt, welches mit ganz unterschiedlichen Bedeutungen und Schattierungen verwendet wird (Stumpf &

Perleth, 2019). Das liegt in der Sache selbst, handelt es sich doch bei Kreativität um ein Persönlichkeitsmerkmal, »das Menschen in die Lage versetzt, viele neue und neuartige oder vielleicht sogar revolutionäre Ideen und Problemlösungen zu produzieren, die für ihre Mitmenschen [...] mit einem Überraschungseffekt verbunden sind.« (Tan & Perleth, 2015, S. 180). Ein Persönlichkeitsmerkmal, das häufig als Zutat einer begabten Protagonistin oder eines begabten Protagonisten beigefügt ist, denn gerade das Neuartige und Revolutionäre bringen eine große Faszination für den Leser bzw. die Leserin mit sich.

Fallbeispiel Artemis Fowl (Colfer, 2008)

Leseempfehlung
Colfer, E. (2008). *Artemis Fowl.* Hamburg: Carlsen.

An dieser Stelle möchten wir Sie mit einem weiteren Protagonisten, diesmal aus der fantastischen Jugendliteratur, bekannt machen, und zwar mit Artemis Fowl aus der gleichnamigen achtteiligen Romanreihe von Eoin Colfer (2008).

»Wie soll man Artemis Fowl beschreiben? Verschiedene Psychiater haben es versucht und sind gescheitert. Das größte Problem dabei ist Artemis' Intelligenz. Er trickst jeden Test aus, dem man ihn unterzieht. Er hat die gelehrtesten Mediziner zur Verzweiflung gebracht und so manche von ihnen sind in ihren eigenen Irrenhäusern gelandet.

Artemis ist zweifellos ein Wunderkind. Doch warum widmet sich ein solches Genie kriminellen Aktivitäten? Diese Frage kann nur ein einziger Mensch beantworten – doch der zieht es vor zu schweigen.

Der beste Weg, ein zutreffendes Bild von Artemis zu zeichnen, besteht wohl darin, die mittlerweile berühmte Geschichte von seinen ersten verbrecherischen Unterfangen zu erzählen. Ich habe diesen Bericht aus persönlichen Interviews mit den Opfern zusammengestellt und im Verlauf der Erzählung werden Sie erkennen, dass dies alles andere als einfach war.« (Colfer, 2008, S. 5)

1 Verschiedene Perspektiven auf Begabung

Artemis ist also ein intelligentes »Wunderkind«, der seine Fähigkeiten nicht im Sinne der Gesellschaft einsetzt:

> »Artemis hatte einen Plan ersonnen, um das Vermögen seiner Familie zurückzugewinnen – einen Plan, der Zivilisationen zerstören und den Planeten in einen Krieg der Völker stürzen konnte. Damals war er zwölf Jahre alt [...].« (Colfer, 2008, S. 5)

Artemis hätte diesem Buch an verschiedenen Stellen zur Illustration hilfreich sein können: Sei es hinsichtlich der Frage, was einen Menschen dazu bewegt, seine Fähigkeiten wahlweise für die gute oder böse Seite der Macht zu nutzen oder was Zielstrebigkeit, Hartnäckigkeit oder der unerschütterliche Glaube an sich selbst bei der Begabungsentfaltung bewirken können.

Die Vorgeschichte: Artemis entstammt einer alten irischen Verbrecherdynastie. Sein Vater ist nach einem Geschäft mit der russischen Mafia spurlos verschwunden, seine Mutter wurde daraufhin depressiv und ist für Artemis kaum mehr ansprechbar. Artemis will seinen Vater befreien und so seine Mutter heilen, dafür braucht er Geld. An seiner Seite steht ein riesiger Leibwächter namens Butler. Butlers Schwester Juliet ist ebenfalls als Leibwächterin bei der Fowlschen Familie angestellt, primär ist sie allerdings für Artemis' Mutter zuständig.

Artemis lebt nicht in unserer realen Welt, sondern in einer fantastischen. Er nimmt Zeichen wahr, die auf eine geheime Unterwelt mit hoch entwickelten Unterirdischen deuten. Und so schmiedet er den Plan, einen Unterirdischen zu entführen und im Gegenzug eine Tonne Gold zu verlangen. Ein Plan mit viel Risiko, Abenteuerlust, Autonomie und vor allem Unkonventionalität. Sprich: höchst kreativ, so wie Butler reflektiert:

> »Butler nickte bewundernd. Immer zwei Schritte voraus, unser Master Artemis. Die Leute sagten, er sei ganz aus dem alten Holz geschnitzt. Doch sie irrten sich. Master Artemis war aus nagelneuem Holz, von einer Sorte, die noch keiner gesehen hatte.« (Colfer, 2008, S. 19)

In allen gängigen Begabungsmodellen spielt Kreativität eine Rolle. Blättern Sie doch zurück zu Kapitel 1.3 und werfen noch einmal ei-

Teil 1 Hintergrund

nen Blick in das Integrative Begabungs- und Lernprozessmodell von Christian Fischer (2015), um zu sehen, wo und wie dort Kreativität verortet ist (▶ Abb. 3). Fischer sieht Kreativität im Bereich der Potenziale. Für ihn ist Kreativität wie Intelligenz ein Aspekt, der Begabung mit ausmachen kann. Gleichzeitig wird deutlich, dass diese Kreativität einer Entwicklung und Förderung bedarf, denn nur das Potenzial alleine reicht nicht aus, damit kreative Menschen auch etwa kreative Lösungen entwickeln. Vielmehr muss es darum gehen, das Potenzial Kreativität in die Performanz zu bringen.

Gardner gibt an, nicht ganz sicher sagen zu können, welche Rolle Kreativität genau in seiner Theorie spielt (Gardner, 1995, 2011). Nur, dass es sehr unwahrscheinlich sei, dass es nur eine Art der Kreativität gibt, dessen ist er sich ziemlich sicher. Um sich der Antwort auf die Frage, welche Rolle Kreativität im Zusammenhang mit Intelligenz spielt, anzunähern, entwickelt Gardner die Idee, sieben als hoch kreativ eingeschätzte Persönlichkeiten aus der Zeit zwischen 1850 und 1990 als Fallbeispiel zu betrachten, und steigt damit in die Kreativitätsforschung ein. Gardner entscheidet sich für die folgenden Personen:

1. T. S. Elliot für das Sprachliche
2. Albert Einstein für das Logisch-Mathematische
3. Pablo Picasso für das Räumliche
4. Martha Graham für das Körperlich-Kinästhetische
5. Igor Stravinsky für das Musikalische
6. Mahatma Gandhi für das Interpersonale
7. Sigmund Freud für das Intrapersonale (Gardner, 1995, 2011)

Wenn Sie sich die Liste anschauen, welche kreativen Persönlichkeiten hätten Sie ausgewählt für die sieben verschiedenen Begabungsbereiche?
Sowohl Mahatma Gandhi als auch Sigmund Freud werden inzwischen aufgrund ihres Verhaltens und ihrer Einstellungen

1 Verschiedene Perspektiven auf Begabung

> häufig kritisiert – welche Personen wären aus Ihrer Sicht geeigneter für Fallstudien in diesen Begabungsbereichen? Gardner hat in seine Liste nur eine Frau aufgenommen. Welche Frauen würden Ihnen hier einfallen, die Sie ebenso in diese Liste aufnehmen könnten?

Trotz (oder wegen?) seiner kleinen Anzahl an Fallstudien konnte Gardner verschiedene Parallelen zwischen den Lebenswegen dieser sieben Personen aufzeigen: Alle zeigten Exzellenz in mehr als einem der Begabungsbereiche und zeitgleich Schwächen in einem der anderen. Der jeweilige Durchbruch der Person lag meist in einer ungewöhnlichen Kombination zweier Begabungsbereiche begründet.

Was wäre geschehen, wenn Artemis real wäre und Gardner ihn als Fallbeispiel für seine Studie betrachtet hätte? Artemis wird im Roman mit ganz unterschiedlichen Begabungsfacetten beschrieben: Sein Handeln und Denken wirken logisch und geplant, zum Beispiel hier: »Zeit, das zu tun, was er am besten konnte: hinterhältige Pläne schmieden.« (S. 32). Und während er zur Vorbereitung der geplanten Entführung die Elfen-Schrift übersetzt und daran tüftelt, wird schnell deutlich, welch räumliches und sprachliches Verständnis *Artemis Fowl* für Zeichen und ihre Anordnungen mit sich bringt. Obwohl er sich an der Übersetzung die Zähne ausbeißt, bleibt er hartnäckig und zeigt Durchhaltevermögen:

> »Ein normales Kind hätte schon längst aufgegeben. Und ein durchschnittlicher Erwachsener hätte vermutlich nur noch wütend auf die Tastatur eingeschlagen. Doch nicht Artemis. Dieses Buch stellte ihn auf die Probe, und er würde nicht zulassen, dass es ihn besiegte.« (Colfer, 2008, S. 28)

Betrachtet man Artemis' Figur mit Blick auf eine Schwäche in einem der anderen Begabungsbereiche, fällt der Blick auf das Interpersonale. Vor allem der Beginn der Romanreihe lässt vermuten, dass Artemis Fowl Befindlichkeiten Anderer nicht sehr differenziert wahrnimmt, sondern sie vielmehr ignoriert oder wenn überhaupt zu seinem eigenen Vorteil nutzt. Dies verdeutlicht allein die Tatsache, dass Artemis Fowl sich entschließt, die Elfe Holly zu entführen, Lösegeld zu verlangen und auf diese Weise nicht nur die Elfe selbst, sondern das gesamte unterirdische Volk einem großen Risiko auszusetzen.

Im Verlauf des ersten Buches ist aber eine Veränderung zu erkennen. Es heißt: »Bei seinen Worten verspürte Artemis Fowl ein schlechtes Gewissen. Diese Psychospielchen taten offensichtlich ihre Wirkung, zerstörten die Elfe von innen heraus. War das wirklich nötig?« (Colfer, 2008, S. 110).

Obwohl Kreativität in so vielen Bereichen unseres Lebens eine große Bedeutung hat, ist es umso erstaunlicher, dass die wissenschaftliche Forschung zu Kreativität insgesamt erst relativ spät eingesetzt hat. Beim genaueren Hinsehen ist es dann aber doch nicht verwunderlich: Der springende Punkt liegt in der Erfassung der sehr unterschiedlichen Facetten von Kreativität. Wie kann abgegrenzt werden, was neu und unkonventionell ist, für das es keine Lösung, kein richtig oder falsch gibt?

Zur Förderung von Kreativität sind kreative Personen gefragt, die es verstehen, durch eine wertschätzende, angst- und kritikfreie Atmosphäre, in der Fragen erlaubt ist, genügend Freiraum für Kreativität zu schaffen (Fink, 2016). Bei unserem Fallbeispiel Artemis kommt es auf eine dramatische Art zur kreativitätsfördernden Atmosphäre: Sein Vater wurde von der russischen Mafia entführt und seine Mutter ist schwer krank und so gut wie nie ansprechbar:

> »Der Zustand seiner Mutter gefiel ihm gar nicht. Sie hatte schon seit langem kein Tageslicht mehr gesehen. Andererseits wäre, falls sie plötzlich auf wundersame Weise geheilt würde und voll neuer Energie aus ihrem Schlafzimmer käme, Artemis' außergewöhnliche Freiheit beendet. Dann hieße es: Ab in die Schule und Schluss mit deinen Abenteuern als Verbrecherkönig, mein Kleiner.« (Colfer, 2008, S. 22)

Wenn seine Mutter wache Momente hat und ihr auffällt, dass er länger unterwegs war, lügt er ihr beispielsweise vor, auf einer Klassenfahrt gewesen zu sein. In der Schule meldet er sich mit gewieften Lügen ab. Sein Leibwächter Butler macht, was Artemis sagt, und stellt seine Anweisungen so gut wie nie in Frage. Artemis ist scheinbar also komplett frei vom Einfluss durch Erwachsene. Und darum so kreativ? Natürlich ist das Fallbeispiel Artemis fiktiv – kein Kind wächst so auf. Aber trotzdem ist der eine oder andere Aspekt aus dem Roman übertragbar, was die Förderung von Kreativität angeht.

Zur Förderung kreativen Denkens ist es wichtig, dass in kreativen Entwicklungsphasen Kritik und Zweifel außen vorgelassen werden. Wenn Sie zum Beispiel ein Brainstorming abhalten, ist es sinnvoll, vorher Kritik und Diskussion explizit auszuschließen. Erst im Nachgang kann zum Beispiel die Liste an Ideen betrachtet und auf ihre Umsetzung geprüft werden. Das passt gut zum Vorantreiber der Brainstorming Methode, Alexander Osborn (1953), der eine klare Trennung zwischen Produktions- und Bewertungsphase vorschlägt. Artemis' Pläne werden von niemandem kritisiert.

Weiter: Selbst bei der Kreativitätsförderung gilt »Ohne Fleiß kein Preis«, das heißt, Kreativität kann trainiert werden. In einer Studie zum spielerischen Kreativitätstrainingsprogramm *Ideefix* konnten die Kolleginnen und Kollegen aufzeigen, dass selbst eine vergleichsweise kurze Trainingsphase – je eine Schulstunde an drei aufeinanderfolgenden Tagen – signifikante Steigerungen in der Kreativität bewirkt (Faßwald-Magnet, Hefler, Papousek, Weiss & Fink, 2014).

Das Training *Ideefix* selbst besteht aus vielen kleinen Spielen, wie zum Beispiel eine Fortbewegung auf unterschiedliche Arten zwischen zwei Linien aussehen kann oder welche alternativen Verwendungszwecke Alltagsgegenstände einnehmen können – kleine Spiele mit großer Wirkung. Sicherlich fallen Ihnen selbst auch einige Ideen zur spielerischen Kreativitätsförderung in Ihrem Handlungsfeld ein, oder aber Sie entwickeln die Spiele direkt gemeinsam mit den Kindern und Jugendlichen. Wenn Sie auf der Suche nach kreativen Spielideen sind, können Sie zum Beispiel einen Blick in die britische Spielshow *TaskMaster* werfen (www.taskmaster.tv). In dieser Fernsehshow werden jeweils fünf Teilnehmenden Aufgaben gestellt, die zur Lösung immer einer äußerst kreativen

Herangehensweise bedürfen. Aufgaben, die wir in die Kinder- und Jugendarbeit übertragen können, sind zum Beispiel:

- Wirf aus möglichst großer Entfernung einen Teebeutel in eine Tasse. Du hast zehn Minuten Zeit.
- Zeichne die zweitlängste Schlange (im Vergleich zu den Mitspielenden).
- Lass ein Ei möglichst langsam vom Balkon herab. Du hast einen Versuch.
- Sammle 30 unterschiedliche Gegenstände und lege daraus ein Bild.

Wenn Sie also Kreativität in Ihrem Handlungsbereich, zum Beispiel Neugier und Experimentierfreude, stärken wollen, ist es wichtig, dass Fragen gestellt werden dürfen und Irrwege zugelassen werden.

2

Warum Begabungen überhaupt finden und fördern? Zwei Perspektiven

Auf die Frage, warum Begabungen überhaupt erkannt und gefördert werden sollten, gibt es im Groben zwei Antwortperspektiven: zum einen die, dass Begabungsentfaltung zur Persönlichkeitsentwicklung gehört. Diese Anbindung an das Individuum ist universell, gilt also für jede Person und ist auch rechtlich verbürgt, etwa durch das Grundgesetz.

Zum anderen die, dass Begabungsentfaltung von Einzelnen der Gesellschaft insgesamt nützt (Baudson, 2017) und hier entscheidende Entwicklungsprozesse voranbringen kann. Während die Idee der Persönlichkeitsentfaltung als ein persönliches Recht verstanden werden kann, ist der Bezug auf die gesellschaftlichen Bezüge eine Verpflichtung.

2.1 Begabungsförderung zur Persönlichkeitsentwicklung

Persönlichkeit ist generell ein positiv besetzter Begriff, wobei Menschen im Laufe ihres Lebens ihre Persönlichkeit immer weiter ausbilden oder auch verändern können. Dies gilt bis ins Seniorenalter: Auch 70-Jährige können ihre Persönlichkeit weiterentwickeln (Kruse & Wahl, 1999). Die Persönlichkeitsentwicklung kann verstanden werden als eine bewusste Auseinandersetzung mit der eigenen Identität (Hurrelmann, 1983) und weist auf ein Wechselspiel von Entwicklungsangeboten und individuellen Entscheidungen hin.

Das wird auch in dem Modell von Christian Fischer deutlich, wenn man sich die Entwicklung von Potenzial zur Performanz in einer spiralförmigen Entwicklung vorstellt. Kinder, Jugendliche und auch Erwachsene erhalten in ihrem privaten Umfeld, aber auch in den Institutionen Angebote: Die Mutter liest vor, der Vater kann für das Malen und Basteln begeistern, im Kindergarten gibt es spannende Angebote zu Tieren aus dem Wald, im Sportverein gibt es einen Trainer, der besonders gut motivieren kann, in der Nachbarschaft sind die Kinder immer auf Inlinern unterwegs und bauen sich Parcours auf, in der Grundschule gibt es eine Theater-AG, an der weiterführenden Schule einen Debattierclub oder eine AG, in der die Schulhomepage auch von den Schülerinnen und Schülern mitgestaltet werden kann, im Jugendtreff gibt es offene Angebote zur Fotografie – die Liste lässt sich unendlich fortführen. Gleichwohl ist es so, dass Kinder, Jugendliche oder auch Erwachsene diese Angebote auch annehmen müssen. Fehlende Ressourcen (Zeit, Geld) können dabei limitierende Faktoren sein. Die Vielzahl der Angebote muss durchforstet werden, die Personen müssen Entscheidungen treffen – Foto-AG oder doch Debattieren in der Schule? – und die Unterstützung bekommen, die sie brauchen, um sich weiterzuentwickeln. Eltern, aber auch Fachkräfte, sind hierbei wichtig, wenn sie den Kindern und Jugendlichen Angebote bekannt machen und sie unterstützen – etwa durch das Anmelden oder das Fahren. Aber auch in den Institutionen müssen die Kinder, Jugendlichen und Erwachsenen aufmerksam gemacht werden. Das geht manchmal mehr oder weniger von allein (Inliner fahren auf der Straße) oder ist stark institutionalisiert (etwa Weiterbildungsangebote im Beruf).

Zugrunde liegt diesen Formulierungen die Überzeugung, dass Menschen entwicklungsfähig sind, sie hierzu aber als soziale Wesen nicht allein in der Lage sind, sondern Anregungen von anderen Menschen benötigen. Diese Anregungen erhalten sie in der Familie, im Freundeskreis, in Kindergarten und Schule, aber auch in außerschulischen Angeboten wie Vereinen oder später im Beruf.

Zentraler Anker für diese Argumentation der Begabungsförderung ist die Entwicklung der Persönlichkeit: Es geht darum, dass Menschen Angebote vorfinden und nutzen können, die für sie anregend, spannend und neu sind, die ihnen neue Perspektiven geben, sie herausfordern und Vertiefungen ermöglichen. Im Sinne der Persönlichkeitsentwicklung ist das entscheidend: Die Menschen lernen ihre eigenen Stärken kennen, erleben sich aber auch in Grenzsituationen.

In der Kinder- und Jugendliteratur (und in der Literatur generell) geht es ja häufig genau darum. Wir haben es mit einer Heldin oder einem Helden zu tun, die oder der mit einem unerwarteten Problem konfrontiert wird, für das das eigene Instrumentarium nicht ausreicht. Also muss sich die Figur entwickeln, um das Problem lösen zu können.

Im echten Leben sind es vielleicht nicht immer die riesigen Probleme, wir müssen unseren Vater nicht aus den Fängen der Mafia retten (Artemis Fowl), müssen uns aber in neuen Umgebungen zurechtfinden (Lotte in *Grüne Gurken*), uns an den eigenen Erwartungen messen (Polidorio in Herrndorfs *Sand*) oder mit denen der Umwelt herumschlagen (wieder Lotte).

Begabungsförderung in diesem Sinne meint also nicht, dass andere die richtigen Entscheidungen treffen, sondern dass die Individuen die Chance haben, ihre Entwicklung selbst in die Hand zu nehmen. Die pädagogisch Handelnden sind vielmehr Angebotsmachende, Beratende, Zuhörende als Bestimmende oder Vorgebende. Diese Balance ist für Pädagoginnen und Pädagogen nicht leicht, ist aber ein zentrales Moment professioneller Praxis.

Eine interessante Perspektive in diesem Zusammenhang bieten auch die UN-Kinderrechte, die vor über 30 Jahren beschlossen und auch in Deutschland ratifiziert wurden. In Artikel 29 der UN-Kinderrechtskonvention (1989) wird dezidiert auf die Verbindung von Persönlichkeitsentwicklung und Begabung abgehoben. Hier heißt es, »dass die Bildung des Kindes darauf gerichtet sein muss, [...] die Persönlichkeit, die Begabung und die geistigen und körperlichen Fähigkeiten des Kindes voll zur Entfaltung zu bringen«. Begabungsförderung in diesem Sinne ist also zweckfrei bzw. alleinig an das Kind selbst gebunden. Eine Frage der Verwendung von Begabungen stellt sich unter dieser Perspektive zunächst nicht. Dennoch ist mit dieser Idee der Begabungsförderung eine gesellschaftliche Hoffnung verbunden, die sich dadurch auszeichnet, dass aus der individuellen Entwicklung heraus auch die Gesellschaft als Ganze profitieren und sich weiter entwickeln kann. Das gilt dann sowohl im Kleinen (die eigene Hockeymannschaft wird besser und gewinnt mehr Spiele, weil die einzelnen Spielerinnen besser werden) als auch im Großen mit Blick auf gesamtgesellschaftliche Fragen wie demografischer Wandel, Klimakrise, Umweltschutz, etc.

Bleibt die Förderung der Begabungen aus, kann sich das sehr negativ auf die Persönlichkeitsentwicklung auswirken. Anerkennung, Zuspruch und Unterstützung sind, wie schon oben argumentiert, wichtige Zugpferde für die Entwicklung des Menschen. Zeigen lässt sich das etwa an Nils, der Hauptfigur aus dem Roman *Null bis unendlich* von Lena Gorelik (2017).

Leseempfehlung
Gorelik, Lena (2017). *Null bis unendlich*. Roman. Reinbek: Rowohlt Taschenbuch.

2 Warum Begabungen überhaupt finden und fördern? Zwei Perspektiven

Der Roman *Null bis unendlich* thematisiert eine außergewöhnliche Liebesgeschichte zwischen den Protagonisten Sanela und Nils Liebe. Die beiden treffen sich nach 22 Jahren ohne Kontakt wieder – diese besondere Geschichte ist das eigentliche Kernstück des Buches.

Als sich Nils Liebe und Sanela erstmals begegnen, sind die beiden 14 Jahre alt und die Lesenden lernen Nils als in vielerlei Hinsicht hochbegabten Jungen kennen. Besonders stechen seine Fähigkeiten im Mathematischen und Sprachlichen hervor.

> »Nils Liebe las nicht ein Buch nach dem anderen wie die meisten Menschen. In der Regel begleiteten ihn mehrere Bücher gleichzeitig: zwei bis drei Romane unterschiedlicher Epochen, ein Fachbuch und für den Fall, dass er nur ein paar Minuten zum Lesen hatte, wenn er beispielsweise an der Bushaltestelle wartete, dazu noch ein Gedichtband, eine Sammlung von Kurzgeschichten, ein Theaterstück.« (Gorelik, 2017, S. 27)

Nils ist begeisterungsfähig, erfährt aber wenig Unterstützung in seinem Elternhaus. Seine Mutter straft seine Begeisterung mit Desinteresse und empfindet Nils' Weg als fehlgeleitet. Sie geht beispielsweise nur widerwillig mit ihm zum ersten Mal in die Buchhandlung und würde sich vielmehr wünschen, dass Nils im Garten spielt, den Vater zu Fußballspielen begleitet oder andere Dinge macht, die sie als jungen- und altersgerecht empfindet. Aber Nils setzt sich durch und verfolgt seine eigenen Interessen, er entwickelt Widerstandsfähigkeit gegenüber den Ansprüchen von außen.

Nils geht letztendlich allein in die Buchhandlung, um in den Büchern zu stöbern. Woher dieser innere Wille rührt, seine Interessen so hartnäckig zu verfolgen, wird im Roman nicht aufgelöst. Aber der Konflikt mit der Mutter, die sich ein anderes Verhalten ihres Sohnes wünscht, bleibt prägend für Nils.

Nils' Mutter scheint den Begabungen fast hilflos gegenüber zu stehen. Er erfährt keine Förderung:

> »Die Frau las doch Erziehungsratgeber. Sie hatte auch ein Buch über hochbegabte Kinder gelesen und es in der Schublade ihres Nachttisches unter den Erziehungsratgebern versteckt. Er hatte sich auf Seite zwei zum ersten Mal wiedergefunden, dann auf Seite vier, auf Seite sieben und eigentlich auf jeder weiteren.« (Gorelik, 2017, S. 36)

Nils wird auch schulisch nicht besonders gefördert, scheint dies aber einfach hinzunehmen. Er zählt die Minuten bis zum Ende der Schulstunde, irgendwann ist ja alles vorbei. Es wirkt, als würde er durch die Unterforderung nicht so sehr leiden, sondern sein Schicksal vielmehr erdulden.

»Herr Flaucher war ihr Mathelehrer, der nichts von höherer Mathematik verstand, bei linearen Gleichungssystemen und partieller Integration hörte es bei ihm auch schon auf, und jede Schülerantwort konterte er erst einmal mit einem nachdenklichen ›Soso‹. Für Nils Liebe lag der Grund auf der Hand: Im Kopf musste er selbst noch rechnen.« (Gorelik, 2017, S. 46)

Die mangelhafte schulische Förderung führt aber auch dazu, dass sich Sanela und Nils überhaupt kennenlernen. Seine Lehrerin ist mit seinen Begabungen überfordert und hält es für ein kluges Projekt, Nils als Mentor für Sanela einzusetzen, die neu in die Klasse kommt. Sanela, die als Vollwaise gerade dem Krieg in Jugoslawien entfliehen musste, soll über Nils besser am Unterricht teilnehmen können:

»»Nils, das ist Sanela. Sanela kommt aus Jugoslawien zu uns. Sie spricht unsere Sprache nicht, noch nicht, und sie wird Hilfe gebrauchen. Mit der Sprache und auch in den anderen Fächern. Es wäre schön, wenn du dich ihrer annehmen und ihr helfen würdest. Den Unterricht kannst du ja schon. Du kannst ja alles‹, sagte die Lehrerin und lachte auf. In dieser unsicheren Art.

Dinge, auf die Nils Liebe die Lehrerin nicht aufmerksam machte:

1. Jugoslawien war dabei auseinander zu fallen. Erst vor ein paar Tagen hatten die meisten europäischen Staaten Kroatien und kurz darauf Slowenien anerkannt.
2. Das Mädchen war nicht ›zu uns gekommen‹. Es war in eines der wenigen Länder geflohen, die Flüchtlinge aus dem Kriegsgebiet aufnahmen.
3. ›Sich jemandes annehmen‹ war ein herablassender Begriff, der Überlegenheit offenbarte. Das Mädchen zeigte sehr deutlich, dass man besser nicht den Versuch wagte, sich ihrer anzunehmen.
4. Er konnte bei weitem nicht alles. Dass sie ihm hier auf der Schule dennoch nicht viel beibringen konnten, war in diesem Zusammenhang äußerst bedauerswert.« (Gorelik, 2017, S. 25–26)

Auf dieser Basis entspinnt sich eine Liebesgeschichte, die nach 22 Jahren der Trennung wieder zusammengeführt wird. Die Schicksale, die beide Figuren in sich tragen, sind höchst unterschiedlich, und doch scheinen sie eine Grundlage dafür dazustellen, dass Sanela und Nils sich begegnen können. Mit Blick auf die Potenzialentwicklung als Persönlichkeitsentwicklung wird über dieses Fallbeispiel *Null bis unendlich* deutlich, welche Rolle Beziehungen in diesen Entwicklungen einnehmen, wie Eltern, Lehrpersonen und Peers Einfluss nehmen auf die anderen und welche Verantwortung sich gerade auch für die pädagogisch handelnden Personen ergeben.

2.2 Begabungsförderung zur gesellschaftlichen Verantwortungsübernahme

»Begabung ist kein Verdienst, sondern eine Verpflichtung«, schrieb schon der Psychologe Stern im Jahr 1916 (S. 111). Dass eine Begabung eine Verpflichtung generell bedeutet, zweifeln wir an. Dennoch entsteht hier die Frage, in welchem Verhältnis die persönliche Entfaltung von Begabung zu ethisch-moralischen Verpflichtungen gegenüber der Gesellschaft steht. Dem wollen wir uns im Folgenden nähern und dabei mit konkreten Anregungen für Ihre eigene Arbeit mit Kindern und Jugendlichen beginnen.

Seit den ersten Schritten der Begabungsförderung hat sich die Welt stark geändert und neue Fragen drängen immer schneller in das öffentliche Bewusstsein. Es ist offenkundig, dass die Weltgemeinschaft große Fragen und Probleme zu bearbeiten hat. Dies kann nicht durch einzelne Menschen geschehen oder durch einzelne Entscheidungsträgerinnen und -träger etwa in der Politik, sondern erfordert ein beherztes Zusammenarbeiten auf verschiedenen Ebenen. Gemeint sind hier große Probleme der Welt wie Armut, Klimawandel oder Pandemien. Begabungen einzusetzen, um diese

Probleme zu bearbeiten, ist für die Weltgemeinschaft von großer Bedeutung. Bei kurzem Nachdenken wird aber deutlich, dass es nicht an klugen Ideen zur Problemlösung mangelt (Energiewende, Veränderung der Mobilität, Steuermodelle, ...), sondern scheinbar eher an Menschen, die diese Probleme unabhängig von ihren eigenen Bedürfnissen verantwortungsvoll lösen (vgl. Sternberg, 2017). Es ist also nicht nur für den Einzelnen bzw. die Einzelne wichtig, das eigene Talent bestmöglich zu erkennen und zu fördern, sondern auch für die Gesellschaft. Es braucht aktive, kritisch denkende, kreative Menschen, die mit Weisheit, Leidenschaft und einem Gefühl für Ethik (siehe unten) die großen Probleme lösen. Menschen, die trotz aller Unbequemlichkeit für ihre Sache einstehen, wie zum Beispiel die Vertreterinnen und Vertreter der *Fridays for Future*-Bewegung. Bemerkenswert ist dabei, dass sich hier in den vergangenen Jahren auch ein Sinneswandel erkennen lässt. Während wir beiden Schreibenden (beide Mitte Dreißig) in der Schule durchaus gelernt haben, dass der Klimawandel unsere Generation und die nachfolgenden stark treffen wird, wurde uns als Jugendlichen wenig Gehör gegeben – und unsere Generation hat sich auch nur wenig Gehör verschafft. Die aktuellen Bewegungen zeigen aber, dass Jugendliche und auch schon Kinder ernstgenommen werden, dass sie verstärkt in der öffentlichen Debatte wahrgenommen werden und so auch Politik mit beeinflussen können. Getragen werden diese Bewegungen wie *Fridays for Future* durch viele junge Menschen weltweit, wenn auch einige Personen als Köpfe ausgemacht werden können. Für das pädagogische Arbeiten stellt sich die Frage, wie man solcherart Begabung aber in jungen Menschen erkennen kann und wie sich diese auch fördern lässt.

Vielleicht haben Sie hier auch eigene Erfahrungen und Ideen. Notieren Sie für sich Ihre Gedanken zu den folgenden Leitfragen:
Wie lassen sich Kinder und Jugendliche in und für Bewegungen wie *Fridays for Future* stärken und unterstützen?

2 Warum Begabungen überhaupt finden und fördern? Zwei Perspektiven

> Wie erkennt man Kinder und Jugendliche, die gesellschaftliche Verantwortung übernehmen wollen?
> Welchen Rahmen können Sie in Ihrer pädagogischen Tätigkeit diesen Personen geben?

Einen Versuch der Systematisierung hat der US-amerikanische Begabungsforscher Robert Sternberg (2017) vorgelegt. Er befasst sich in seinen Studien mit dem Verhältnis von Begabung und Verantwortungsübernahme. Er nennt diese Menschen *ethical leaders* – zu Deutsch etwas holprig: ethische Vorreiterinnen und Vorreiter – und kommt zu dem Schluss, dass dies Menschen sind, die folgende Fähigkeiten aufweisen:

- kritisches (analytisches) Denken,
- Kreativität,
- Weisheit und Ethik sowie
- Leidenschaft.

Wenn Sie sich diese Eigenschaften vor Augen führen, fallen Ihnen sicherlich einige Menschen ein, die diese Fähigkeiten aufweisen. Und auch bestimmt junge Menschen. Vielleicht denken Sie an Luisa Neubauer, die mit 26 Jahren der Spitze der deutschen *Fridays for Future*-Bewegung steht, deren demokratisches Vorbild ihre Großmutter ist und die schon in Schulzeiten Erfahrungen in der demokratischen Verantwortungsübernahme sammelte. Heute übernimmt Luisa Neubauer nun für sich selbst und andere Verantwortung und Einfluss im weltumspannenden Thema der Klimadebatte (Wegner & Amend, 2020).

Auf dem Audio-Streaming Dienst Spotify hat Luisa Neubauer einen eigenen Podcast mit dem Titel 1,5 Grad. Hier trifft sie Aktivistinnen, Wissenschaftler, Autorinnen, Politiker etc., mit denen sie das Thema Erderwärmung diskutiert. Deutlich wird hier, wie

> Luisa Neubauer sich über die Zeit zu der Aktivistin entwickelt
> hat, die sie ist, und welche Aspekte sie in ihrem Engagement
> umtreiben.

Oder vielleicht denken Sie an Felix Finkbeiner, der mit neun Jahren die Schülerinitiative *Plant-for-the-Planet* gründete, um so auf eigene Faust einen CO_2-Ausgleich zu schaffen, »während die Erwachsenen nur darüber reden« (Plant for the Planet). Oder Sie denken an junge Menschen, die Verantwortung übernehmen und (noch) nicht wie Luisa Neubauer oder Felix Finkbeiner öffentlich sichtbar sind: im Rahmen ihrer eigenen Familien, in Schülervertretungen, bei Organisationen wie den Pfadfindern, der Amnesty-Jugend und in ihren Gemeinden, um einige Beispiele zu nennen. Alles getragen von kritischem (analytischem) Denken, Kreativität, Weisheit und Ethik sowie Leidenschaft.

Im schulischen Umfeld stoßen diese Ideen oftmals an ihre Grenzen, wenn es auch hier immer wieder Chancen gibt, die Kinder und Jugendlichen entsprechend zu fördern. Doch Schule ist, zumindest an vielen Stellen, nicht unbedingt darauf ausgerichtet, Quergeister zu produzieren. In unserem Bildungswesen ist das Angebot oftmals ausgerichtet an konkreten Inhalten, zumindest aber an zu erreichenden Kompetenzen, die sich abprüfen lassen. Und das trifft etwa bei kritischem (analytischem) Denken und Kreativität, aber auch bei Weisheit und Ethik sowie Leidenschaft nicht oder nur sehr bedingt zu. Aber seien wir einmal ehrlich, nicht nur in der Schule ecken solche Menschen an: Wer von uns will denn auch ständig kritisch in Frage gestellt werden? Wen stören denn nicht manchmal allzu ungewöhnliche, also kreative Vorgehensweisen? Wem von uns fällt es nicht leicht, die Ambiguität zwischen dem eigenen Leben und Gemeinwohl (beispielsweise Zugstolz vs. Flugscham) auszuhalten und zu erklären? Ja, das ist anstrengend. Gerade außerhalb des Unterrichts erscheint es aber an vielen Stellen gut möglich, hier verstärkt Akzente zu setzen. Mit Blick auf die Zukunft gilt es, Ambiguitäten auszuhalten und bei den Kindern, Jugendlichen und Erwachsenen diese Fähigkeit zur Ambiguitätstoleranz zu unterstützen und sie hier zu fördern.

Fallbeispiele Reynie, Kate, Kleber und Constance (Stewart, 2007)

> **Leseempfehlung**
> Stewart, T. L. (2007). *Die geheime Benedict-Gesellschaft*. Berlin: Bloomsbury.

Natürlich möchten wir Ihnen auch hier ein literarisches Fallbeispiel vorstellen, wobei es sich strengermaßen nicht um ein Einzelfallbeispiel handelt, sondern um gleich vier, und zwar um Reynie, Kate, Kleber und Constance. Diese Vier melden sich unabhängig voneinander auf die merkwürdige Zeitungsannonce »Bist du ein begabtes Kind, das nach besonderen Herausforderungen sucht?« und werden nach einem rätselhaften Test gemeinsam für eine Undercover-Mission ausgewählt.

An dem Test, den Mr. Benedict den Kindern stellt, einer ganz sonderbaren Prüfung, hätte Robert Sternberg sicherlich seine Freude.

> »Es gab ein, zwei Fragen zu Acht- und Zehnecken, eine andere, in der es um Scheffel hiervon und Kilogramm davon ging, und schließlich eine, in der auszurechnen war, in welcher Zeit zwei aufeinander zurasende Züge zusammenstoßen würden [...]. Dann kam der zweite Teil, und die erste Frage lautete: ›Siehst du gerne fern?‹ [...] Die nächste Frage lautete: ›Hörst du gerne Radio?‹ [...] die dritte Frage war Gott sei Dank weniger gefühlsabhängig. Da stand: ›Was stimmt mit dieser Feststellung nicht?‹ *Wie komisch*, dachte Reynie und fühlte sich leicht aufgemuntert, als er die Antwort aufschrieb: ›Es ist keine Feststellung‹, notierte er, ›sondern eine Frage.‹
> Auf der nächsten Seite war ein Schachbrett abgebildet. Alle Figuren standen in ihrer Ausgangsstellung, nur ein schwarzer Bauer war zwei Felder vorgerückt. Die Frage unter dem Bild lautete: ›Ist diese Position nach den Schachregeln möglich?‹« (Stewart, 2007, S. 16–17)

In dem mehrstufigen Testverfahren werden die vier Kinder einzeln ausgewählt und bilden fortan »Die geheime Benedict-Gesellschaft«, die Namensgeber dreier zusammenhängender Romane ist (Stewart, 2007). Die Mission der Kinder lautet, die Pläne des diabolischen Mr. Curtain zu durchkreuzen. Denn: Mr. Curtain benutzt als Gründer des »Lerninstituts für die Erleuchteten« Kinder, um die Weltherrschaft zu erlangen.

Alle Vier sind in Bezug auf ihre Begabung ganz unterschiedlich: Reynie Muldoon, elf Jahre alt, wächst im Waisenhaus auf, ist der Denker der Gruppe und übernimmt unerschrocken Verantwortung für sich und andere. Seine Begabung fällt in den kognitiven bzw. logisch-mathematischen und auch interpersonalen Bereich. Kleber Washington, eigentlich George Washington, heißt so, weil sein fotografisches Gedächtnis alles sofort erfasst und das Gesehene im Gedächtnis kleben bleibt. Klebers Begabung liegt sowohl im visuell-räumlichen Bereich als auch im kognitiven. Kleber ist übrigens – obwohl er sehr ängstlich ist – von zu Hause ausgerissen, nachdem seine Eltern aus seiner Begabung Kapital schlagen wollten. Kate Wetherall ist unerschrocken und tapfer, ohne Eltern aufgewachsen und trägt einen Eimer mit allerlei nützlichen Dingen mit sich herum. Kate bringt neben hohen kreativen Fähigkeiten vor allem eine körperlich-kinästhetische Begabung mit sich, die sie in einer Zeit im Zirkus trainiert hat. Die letzte im Bunde ist Constance Contraire, ein stures kleines Mädchen, die ihr Umfeld in den Wahnsinn zu treiben scheint. Constance weiß genau, was sie will, und setzt sich durch. Eine klare Stärke im intrapersonalen Bereich. Im Auftrag von Mr. Benedict, einem Wissenschaftler aus den Niederlanden, machen die Vier sich auf den Weg, das Untergangsszenario der Welt zu verhindern. Was die Vier also eint ist, dass sie ihre jeweilige Begabung, Kraft und Energie einsetzen, um die Welt vor einem teuflischen Plan zu schützen. Im Jahr 2021 wurde die Verfilmung der Romanreihe als Serie auf dem Disney+ Kanal veröffentlicht.

In Bezug auf Begabung und Verantwortungsübernahme gilt es nicht, eine bestimmte Eigenschaft wie zum Beispiel mathematische Begabung auszumachen. Es geht eher darum, Gelegenheiten zu schaffen – wieder im Sinne des Förderns auf Verdacht. Es scheinen

2 Warum Begabungen überhaupt finden und fördern? Zwei Perspektiven

oftmals Zufälle zu sein, die dazu führen, dass Begabung verantwortungsvoll für andere Personen eingesetzt werden. Am besten wird diese Art der Begabung beim Lösen echter Probleme geweckt und entfaltet. Überall gibt es Probleme, die Lösungen bedürfen: sowohl im Kleinen als auch im großen Stil.

Wo aber anfangen? Wir schlagen vor, bei der eigenen Haltung. »Never doubt that a small group of thoughtful, committed citizens can change the world. Indeed, it is the only thing that ever has.« (Keys, 1985, S. 79) Dieses Zitat stammt von Margaret Mead, die in der ersten Hälfte des 20. Jahrhunderts als Forscherin an der *nature versus nurture* Debatte rüttelte. Hierbei ging es um die Frage, inwiefern die Menschen von ihren Genen und ihrer Biologie oder der sozialen Umwelt bestimmt sind, und damit letztendlich auch darum, wie sich gesellschaftliche (Macht-)Strukturen erhalten oder verändern lassen und welche Wirksamkeit und Entwicklungsfreiheit den einzelnen Menschen zugeschrieben werden. Wenn es uns als Pädagoginnen und Pädagogen gelingt, diese Haltung in der heranwachsenden Generation zu fördern, dann haben wir mit Blick auf die Herausforderungen einen großen Schritt gemacht.

Vielleicht geht es Ihnen in Ihren Berührungspunkten mit Kindern und Jugendlichen in Bezug auf die »großen Probleme« wie so vielen. Wo und wie anfangen? Wir hoffen, dass Ihnen zur Beantwortung der Frage der folgende Literaturhinweis weiterhilft:

Die US-amerikanische Jugend Organisation »Advocates for Youth« hat eine Broschüre mit dem Titel #YouthActivistToolkit veröffentlicht (2019). Ziel der Broschüre ist es, junge Menschen zu unterstützen, Pläne zu entwickeln, Koalitionen und Strategien zu bilden und messbare Ziele zu erreichen. Auf über 60 Seiten finden Interessierte Tipps, Tricks und konkretes Arbeitsmaterial zu den Themenbereichen

1. Getting Started
2. Creating a Strategy
3. Crafting your Message
4. Building Collective Power

5. Using your Power
6. Sustaining a Movement
7. Resources (Advocates for Youth, 2019)

Insgesamt scheint es ein guter Zeitpunkt, Begabungen im Sinne der Verantwortungsübernahme zu fördern. Was die Sache leichter macht, ist, dass es vermehrt auch in der realen Welt zunehmend Vorbilder jüngerer Generationen zu finden gibt. Vorbilder wie die global bekannte Greta Thunberg, aber auch wie schon erwähnt Luisa Neubauer oder Felix Finkbeiner in Deutschland. Bei Luisa Neubauer und Felix Finkbeiner bietet es sich an, einen kurzen Blick in die Bildungsbiografie zu werfen mit Blick darauf, warum die beiden das tun, was sie tun. Auf der Projekt-Webseite von »Plant for the Planet« ist zu lesen, dass die Idee mit einem Schulreferat begann.

In einem Podcast-Interview wird Luisa Neubauer die Frage gestellt, was sie antreibe, so hart zu arbeiten und ihre Begabung für die Gesellschaft einzusetzen. Sie antwortet:

> »Das hab' ich mich auch mal gefragt. Ich glaube so eine Kombination aus Verantwortungsbewusstsein, Begeisterungsfähigkeit und Selbstwirksamkeit. Ich liebe das, was ich mache, ich sehe, dass das wirksam ist.« (Wegner & Amend, 2020, 410:20–411:14)

Im selben Interview wird Luisa Neubauer gefragt, wann sie gemerkt hat, dass sie so gut frei reden kann. Sie antwortet:

> »In meiner Schule gab es eine Debattier-AG. Und die hat stattgefunden zwischen meinem Sportkurs und meinem Chor. Und da hatte ich dann zwei Stunden Zeit und ich hatte keine Aufenthaltsräume. Deswegen dachte ich, es wäre eine gute Gelegenheit, in den Debattier-Club zu gehen. Und im Debattier-Club habe ich festgestellt, dass ich gut debattieren kann und nebenbei sehr spannende Sachfragen lösen kann. Und das hat mich im Nachhinein unfassbar politisiert.« (Wegner & Amend, 2020, 320:20–322:15)

Sie sehen also, wie sehr Zufälle und einzelne Ereignisse mit dem Erleben von Selbstwirksamkeit dazu führen können, dass herausragendes Potenzial mit Begeisterung und Leidenschaft verantwortungsvoll eingesetzt werden kann.

Teil 2

Verschiedene Begabungen erkennen und fördern

3

Überblick zum zweiten Teil

Im ersten Teil des Buches haben wir uns grundlegend mit dem Begabungsverständnis beschäftigt. Wir haben geklärt, warum Begabung mehr als Intelligenz ist, und wir haben verschiedene Aspekte beschrieben, die Begabung mit ausmachen können. Zudem sind wir der Frage nachgegangen, warum Begabung überhaupt gefördert werden sollte und wo diese Förderung – jenseits der Schule – stattfinden kann.

Im zweiten Teil des Buches geht es noch einmal in die Tiefe. Die Theorie der multiplen Intelligenzen haben wir im ersten Teil vorgestellt. Nun werden wir hier konkrete Angebote – in Anlehnung an Gardners Theorie der multiplen Intelligenzen – zu den verschiedenen Bereichen machen. Die einzelnen Kapitel sind so aufgebaut, dass zunächst der spezifische Begabungsbegriff geklärt wird. Im zweiten Schritt wird auf das Erkennen dieser spezifischen Begabung in der pädagogischen Praxis eingegangen. Im dritten Schritt wird der Frage nachgegangen, wie in der pädagogischen Praxis Räume geschaffen werden können, die eine Begabungsförderung ermöglichen. In jedem der Unterkapitel machen Sie Bekanntschaft mit mindestens einer begabten Figur aus der Kinder- und Jugendliteratur. Anhand dieser Figuren und ihrer Geschichten schaffen wir vertiefende Perspektiven, wie Sie es schon aus dem ersten Teil des Buches gewohnt sind.

Zur Reihenfolge der Unterkapitel: Wir beginnen, in Abweichung zu Gardner, mit der kognitiven Begabung (▶ Kap. 4), es folgen die sprachliche (▶ Kap. 5) und die logisch-mathematische Begabung (▶ Kap. 6) sowie die visuell-räumliche Begabung (▶ Kap. 7), die sich auch in den klassischen Begabungsbeschreibungen finden. Daran anschließend folgen Auseinandersetzungen mit der körperlich-kinästhetischen (▶ Kap. 8) und der musikalischen Begabung (▶ Kap. 9), bevor die inter- und intrapersonalen Begabungen (▶ Kap. 10) den Abschluss bilden.

4

Kognitive Begabung

Die Begabungsfacette Kognition steht nicht ohne Grund zu Beginn dieses Kapitels. Kognitive Begabung scheint so etwas wie der Prototyp von Begabung zu sein: Wer kognitiv begabt ist, der oder die gilt als besonders schlau, pfiffig oder eben intelligent. Der Begriff Kognition ist »ein Sammelbegriff für bewusste und unbewusste mentale Prozesse, die von Wahrnehmung bis Denken reichen« (Gigerenzer, 2020). Kognitiv begabt ist eine Person, wenn sie besonders schnell denken kann, eine hohe Auffassungsgabe hat und Informationen gut verarbeiten kann. Wenn wir von einem Kind, einem bzw. einer Jugendlichen oder Erwachsenen mit besonderer kognitiver Begabung sprechen, meinen wir also eine Person, welche eine besondere Wahrnehmung hat, besonders gut lernt, besonders gut Dinge behält und insgesamt also besonders gut denken kann.

Wie oben bereits mehrfach problematisiert (etwa in ▶ Kap. 1.1), sind die kognitiven Prozesse nicht direkt beobachtbar, sondern spielen sich in der Person ab. Sichtbar werden dagegen eher Leistungen, aufgrund derer wir auf eine Begabung rückschließen können: Lehrpersonen sehen, wenn ihre Schülerinnen und Schüler im Unterricht schneller Aufgaben bearbeiten können als die Mitschülerinnen und Mitschüler. Erzieherinnen und Erzieher in der Kindertagesstätte können in Gesprächen mit den Kindern viel über besondere Interessen oder auch Fähigkeiten erfahren. Fußballtrainerinnen können sehen, ob Spieler ein gutes Ballgespür haben. Aber genau das, was wir sehen, sind immer schon Leistungen, mit denen wir letztendlich nur versuchen können, auf Begabungen zu schlussfolgern. Hier setzt die Frage der pädagogischen Betrachtung an und ist spannend und voraussetzungsvoll zugleich. Im Sinne der Persönlichkeitsentwicklung (▶ Kap. 2.1) kann es für Pädagoginnen und Pädagogen ein spannender Weg sein, den jeweiligen Begabungen einer Person nachzuspüren (▶ Kap. 4.1).

»Warum?« ist eine Frage, die Kinder oft stellen, meist ab dem Alter von zwei Jahren. Sie wollen wissen, wie Dinge funktionieren, wie Sachverhalte zusammenhängen, sie befragen die Großen damit, um ihre Welt zu verstehen. Bei einigen ist diese Fragehaltung stark ausgeprägt und bleibt es auch. Sie interessieren sich dann für Wissensthemen, etwa die Erde und das Universum, Dinosaurier, Tiere und Pflanzen. Sie schnappen Informationen aus ihrer Umgebung auf und gehen ihren Fragen nach – indem sie fragen. Hier wird deutlich, wie sich kognitive Begabungen durch Anregungen zeigen können. Kinder brauchen Anregungen. Oftmals zeigen sich kognitive Begabungen in der frühen Beherrschung der Kulturtechniken Lesen, Schreiben oder Rechnen – schon vor der Schulzeit.

Dabei ist aber auch zu fragen, wie Kinder darauf kommen, Rechnen, Schreiben oder Lesen zu wollen. Hier wird deutlich, dass es Angebote in den Familien oder in der frühkindlichen Bildung gibt, die förderlich sind. Wenn Kinder etwa in einem Elternhaus aufwachsen, in dem viel gelesen wird, Zeitungen, Zeitschriften und Bücher immer und überall verfügbar sind oder Büchereien besucht werden, dann bietet das für die Kinder viele Anlässe, sich selbst auch im Lesen zu versuchen.

Die Frage nach Anlage und Umwelt ist also nicht einfach zu lösen. Genau darin liegen in der pädagogischen Arbeit Chancen. Hier können Angebote gemacht und so ein Rahmen geboten werden, in dem sie sich Begabungen zeigen und entfalten.

Honneth (1994) hat etwa den Begriff Anerkennung geprägt. Mit ihm kann argumentiert werden, dass es darum gehen sollte, die Besonderheiten, also das, was auffällt, erst einmal anzunehmen und zu schauen, welche Angebote Kindern, Jugendlichen oder Erwachsenen gemacht werden können. Genau dieses Handeln ermöglicht ein Anerkennen kindlicher Besonderheiten. Wenn etwa Kinder Fragen haben, dann sollte darauf eingegangen werden. Wenn es Fragen sind, die Eltern oder Pädagoginnen und Pädagogen nicht beantworten können, dann geht es darum, einen Rahmen zu schaffen, in dem dies geschehen kann. Gleiches gilt für das Lernen von Dingen, die als nicht altersgemäß wahrgenommen werden. Ein Verschieben auf ›später‹ erscheint wenig sinnvoll, wenn es die Kinder sind, die etwas lernen wollen. Dabei kann es auch sein, dass die Kinder bereits früh Spezialgebiete ausbilden. Für Pädagoginnen und Pädagogen oder Eltern ist das oftmals eine Herausforderung. Verdeutlichen lässt sich das an einem Fallbeispiel, an der Codeknackerin Ruby Redfort.

Fallbeispiel Ruby Redfort (Child, 2013)

> **Leseempfehlung**
> Child, L. (2013). *Ruby Redfort – Gefährlicher als Gold*. Frankfurt am Main: Fischer KJB.

Ruby Redfort ist die Heldin einer gleichnamigen Buchreihe von Lauren Child und die jüngste Geheimagentin der Welt. Dafür hat sie sich als Codeknackerin qualifiziert.

»Als Ruby Redfort sieben Jahre alt war, gewann sie die *Junior-Codeknacker-Meisterschaften* – da sie gerade mal siebzehn Tage und siebenundvierzig Minuten gebraucht hatte, um das berühmte Eisenhauser-Rätsel zu lösen. Im Jahr darauf nahm sie am *Junior-Code-Erfinder-Wettbewerb* teil und verblüffte die Schiedsrichter mit einem Rätsel, das diese nicht zu lösen vermochten. Schließlich wurde es an Professoren der Harvard Universität geschickt, die es nach zweiwöchigen Bemühungen endlich herausbekamen. Sie boten ihr sofort einen Studienplatz ab dem nächsten Semester an, doch Ruby lehnte dankend ab. Sie hatte keine Lust, eine *durchgeknallte Fachidiotin* zu werden, wie sie sagte.« (Child, 2013, S. 13)

Anstatt nach Harvard zu gehen, wird sie Mitglied im Geheimdienst Spektrum und ist dort Schurkinnen und Bösewichten auf der Spur – und setzt sich als Agentin durch, indem sie die Kriminalfälle wie schwierige Rätsel löst. Ruby ist kess, hat einen guten Freund, Clancy, und eine Art Babysitter bei Spektrum, Hitch, der auf Ruby aufpassen soll, was ihr natürlich überhaupt nicht passt. Die Schule ist für sie kein Problem, es sei denn, sie muss sich wieder einmal Ausreden überlegen, um wegen des Verbrecherjagens zu schwänzen. Ein Problem aber hat sie, und zwar ihre Eltern – also ein doppeltes Problem. Ihre Eltern sind reich und gesellschaftlich angesehen, gleichzeitig aber begriffsstutzig und ihrer Tochter meilenweit unterlegen, wenn es um Logik geht.

Einige Jahre später ist Ruby dreizehn Jahr alt und ein Genie, was das Entschlüsseln von Rätseln angeht – besonders, wenn es um das Knacken von Codes geht. Auf den ersten Blick sieht sie aus wie ein ganz normales Mädchen, welches sich in Jeans und Print-Shirts kleidet. Sie ist schlagfertig, nimmt sich aber zurück, wo es nötig erscheint, und pflegt lose Bekanntschaften mit den Mädchen aus ihrer Klasse. Hier ist sie immer mal dabei, fällt aber wenig auf in der Gruppe der Jugendlichen.

Hinter dieser öffentlichen Fassade befindet sich aber viel mehr: Ruby besitzt inzwischen 622 kleine gelbe Hefte, in denen sie alles notiert, was sie beobachtet, und parallel führt sie ein pinkfarbenes Notizheft, das Eselohren hat und nach Kaugummis riecht, und listet darin ihre Ruby-Regeln (bisher 79 Stück) auf, wie zum Beispiel

»AUCH HINTER ETWAS BANALEM KANN SICH EIN GEHEIMNIS VERBERGEN (REGEL 16)« (Child, 2013, S. 17). Sie sammelt Telefone, seit sie ungefähr fünf Jahre alt ist, und sie ist nicht direkt unordentlich, sondern eher einfach nur eine »Ausbreiterin«. Ruby besitzt eine Menge Bücher: Eine komplette Wand ihres Zimmers besteht aus Regalen, die vom Fußboden bis zur Decke reichen, welche in verschiedene Abteilungen unterteilt sind (Romane, Sachbücher, Comic-Hefte und Graphic Novels, Rätselbücher sowie Geheimschriften und Codes). Und »[w]enn Ruby einen wunden Punkt hatte, dann waren es ihre Augen, ohne irgendeine Art von Sehhilfe konnte sie ihre Umgebung nur verschwommen sehen.« (Child, 2013, S. 25).

Hier wirkt Ruby Redfort auf den zweiten Blick also schon ein wenig schrulliger, sie hat Anleihen einer Außenseiterin mit ganz eigenen Interessen. Dass sie die jüngste Geheimagentin der Welt ist, dass sie mutig, frech und clever ist und einer gefährlichen Verbrecherbande auf die Spur kommt, wissen letztendlich nur die Wenigsten. Dieser Teil ihrer Identität bleibt den allermeisten Menschen verborgen.

4.1 Kognitive Begabungen erkennen

Wenn sich Eltern oder Pädagoginnen und Pädagogen über beobachtbare Verhaltensweisen wundern, die sie bei anderen, gleichaltrigen Kindern oder Jugendlichen nicht feststellen, stellt sich die Frage nach dem, was den Unterschied ausmacht. Abweichendes Verhalten ist etwas, das uns selbst stutzig, aber auch neugierig machen kann. Eine mögliche Frage, diese Abweichung zu erklären, ist: »Ist diese Person besonders begabt?« Deutlich wird bei unserem Fallbeispiel Ruby eines: Ruby ist immer ein bisschen ›neben der Spur‹. Sie verhält sich nicht so, wie es ihrem Alter entspricht, irritiert ihre Mitschülerinnen und Mitschüler sowie auch Lehrpersonen durch ihr Verhalten und muss, aufgrund ihrer Geheimdiensttätigkeiten, immer auf der Hut sein. Selbst wenn man den Job als Agentin einmal ausklammert, dann sieht man, dass es mehrere Aspekte sind, die die Aufmerksamkeit auf Ruby lenken können.

Personen, die sich nicht regelkonform verhalten, werden eher als störend wahrgenommen. Dies wäre also kein positiver Anknüpfungspunkt. Wer neben der Spur ist, leicht verwirrt wirkt, dem schreibt man auch nicht unbedingt eine Begabung zu. Und wer sich nicht altersgemäß verhält, der ist oft altklug oder vielleicht kauzig. Auch hier sind es negative Dinge, die das Erkennen einer Begabung erschweren können. Trotz dieser überlagernden Faktoren gibt es Aspekte, die eben aber doch aufmerksam machen können. Da ist die Begeisterung für das Beschäftigen mit Codes, da ist die Ausdauer, mit der Ruby sich Fragen und schwierigen Problemen widmet, die schnelle Auffassungsgabe und auch das hohe Sprachvermögen. Für das Erkennen von Begabung kann es also wichtig sein, die eher schwierigen Aspekte an die Seite zu schieben, um an den Kern zu kommen. Denn dann lassen sich auch viele der negativen Aspekte einordnen: Im Unterricht stört, wer sich langweilt, und augenscheinliche Verwirrung kann manchmal auch verstanden werden als ein Beschäftigtsein mit anderen Dingen, die von außen vielleicht nicht vermutet werden.

Im Kleinkindalter kann eine kognitive Begabung als Potenzial für viele Bereiche verstanden werden und es können sich verschiedene Stärken andeuten. Aber: Alles ist noch offen und formbar.

Begibt man sich auf die Suche nach Checklisten zum Erkennen besonderer (kognitiver) Begabung, wird man schnell fündig. Es gibt eine Vielzahl von veröffentlichten Listen, deren Nutzung sehr verlockend sein kann. Das Schleswig-Holsteinische Ministerium für Soziales, Gesundheit, Wissenschaft und Gleichstellung hat im Jahr 2015 beispielsweise eine Handreichung zum Erkennen, Verstehen und Begleiten kognitiv begabter Kinder in der Kindertagesstätte veröffentlicht (2015). Auf Seite 22 der online verfügbaren Handreichung findet sich eine Tabelle mit Merkmalen zu den Bereichen

4 Kognitive Begabung

»Sich schnell neues Wissen aneignen«, »Sich Dinge gut merken können« und »Die Umwelt analysieren, eine Systematik hineinbringen und Dinge verknüpfen«.

Checklisten haben aber ein Problem, auf das wir hinweisen möchten: Keine der bislang veröffentlichten Checklisten ist wissenschaftlich bestätigt, was aber auch daran liegen kann, dass das Begabungskonstrukt so komplex ist. Es haben sich schon viele Wissenschaftlerinnen und Wissenschaftler die Zähne daran ausgebissen, eine verlässliche Checkliste zu erstellen. Und dennoch sind diese Checklisten reizvoll und bieten spannende Perspektiven für die pädagogische Praxis, um Begabungen auf die Spur zu kommen.

Schauen wir uns einmal einen Auszug der Merkmalsliste des Schleswig-Holsteinischen Ministeriums (2015, S. 22) genauer an. Dort heißt es etwa:

- »Das Kind lernt schnell und leicht.« (Merkmalsbereich »Sich schnell neues Wissen aneignen«)
- »Das Kind hat in einzelnen Bereichen ein sehr hohes Detailwissen.« (Merkmalsbereich »Sich schnell neues Wissen aneignen«)

Zunächst hören sich diese Indikatoren sinnvoll an. Vielleicht haben Sie eine Person im Kopf, bei der Sie gerade einen Haken hinter diese beschriebenen Eigenschaften machen. Genauer betrachtet wird es aber schwierig. Denn woher will man wissen, ob ein Kind schnell und leicht lernt? Vielleicht hat es Vorwissen, von dem Sie keine Ahnung haben, vielleicht empfindet das Kind ein hohes Maß an Stress in Lernsituationen, kann dies aber gut verbergen. Außerdem geht es hier immer um einen Vergleich: Wenn jemand schnell und leicht lernt, dann muss es eine Vergleichsperson geben, die langsam und schwer lernt – ansonsten kann es eine solche Relation nicht geben. Im Sinne der Persönlichkeitsentwicklung wäre es also wichtig zu schauen, wo die Entwicklungspotenziale liegen, um auf eine etwaige Begabung schließen zu können.

Schauen wir weiter in die Merkmalsliste:

- »Das Kind kann sich Fakten sehr schnell merken.« (Merkmalsbereich »Sich Dinge gut merken können«)
- »Das Kind kann sich sehr viele Informationen merken.« (Merkmalsbereich »Sich schnell neues Wissen aneignen«)
- »Das Kind kann außergewöhnlich gut beobachten.« (Merkmalsbereich »Die Umwelt analysieren, eine Systematik hineinbringen und Dinge verknüpfen«)
- »Das Kind verknüpft Ideen bzw. Dinge miteinander, die nicht auf der Hand liegen.« (Merkmalsbereich »Die Umwelt analysieren, eine Systematik hineinbringen und Dinge verknüpfen«)

Auch hier werden die Vergleichsmarken deutlich: Es geht um Schnelligkeit und Maße, wobei dies Dinge sind, die sich nicht unbedingt immer gewichten lassen. Andere Fragen stellen sich, wenn Personen in einem Bereich als begabt eingestuft werden (Haken dran), in anderen aber deutlich davon abweichen. So kann es sein, dass ein Kind zwar gut Ideen und Dinge verknüpft und in Verbindung setzt, aber eher unaufmerksam ist. Trifft dann der Merkmalsbereich »Die Umwelt analysieren, eine Systematik hineinbringen und Dinge verknüpfen« zu oder eher nicht? Eine »Vermessung der Person« erscheint daher oft problematisch, wie etwa Perleth (2008) in seinem Aufsatz *Husten Hochbegabte häufiger* eindrucksvoll offenlegt.

Nehmen wir noch einmal Ruby Redfort als Beispiel. Sie erscheint manchmal verwirrt und ist wenig angepasst, gleichzeitig hat sie eine starke Begeisterung für Codes und zeigt hier auch entsprechende Leistungen. Ganz eindeutig ist es also nicht, wenn Begabungen über Checklisten erfasst werden. Dennoch bieten solche Checklisten eine Sammlung von Erfahrungswissen, die hilfreich zur Orientierung sein können. Wer sich als Pädagogin oder Pädagoge auf den Weg macht, Begabungen zu erkennen, der nimmt sich Zeit für die Beobachtungen, sucht vielleicht gezielt das Gespräch und versucht, blinde Flecken aufzuhellen und verdeckte Aspekte noch einmal aus einem kritischen Blickwinkel zu betrachten. Hier können Checklisten ein Werkzeug im pädagogischen Alltag sein, die helfen können, Begabungen aufzuspüren.

Bei Ruby Redfort hätten Sie sicherlich eine besondere kognitive Begabung vermutet, obwohl wir Ihnen bislang noch viele Details zu dieser Figur verschwiegen haben. Spätestens dann wären Sie sich sicher gewesen, wenn Sie die ersten drei Seiten aufgeschlagen hätten. Hier erfahren die Lesenden, wie die gerade zweijährige Ruby die Entführung eines Hündchens beobachtet, aber aufgrund ihrer noch begrenzten sprachlichen Fähigkeiten ihren Eltern nicht begreiflich machen kann, was dort vor sich geht.

An diesem Tag beschließt Ruby Redfort laut Erzählstimme übrigens, ihr Kindheitsgeplapper aufzugeben, an ihren sprachlichen Fähigkeiten zu arbeiten und Detektivin zu werden (Child, 2013, S. 9–12). Manchmal reichen also einzelne Schlüsselmomente, um herausragende Fähigkeiten zu erkennen. Aber leider haben wir nicht immer eine solche Erzählstimme, die uns so genaue Hinweise gibt. Wie die Eltern in Rubys Fall stehen Pädagoginnen und Pädagogen manchmal mit einem großen Fragezeichen vor den Kindern, Jugendlichen oder auch Erwachsenen und verstehen gar nicht, was vor sich geht. Dieses Problem wird sich nicht immer auflösen lassen, so empathisch die Pädagoginnen und Pädagogen auch sein mögen. Aber es gibt Wege, etwa die Hundeentführung bei Ruby Redfort als Schlüsselmoment, die genutzt werden können. Es geht, und das ist unser Ansatz, darum, Räume für die Begabungsentwicklung zu öffnen.

Denn es gibt nicht das eine Merkmal, an dem das besondere Potenzial erkannt werden kann. Es geht vielmehr darum, Kindern und Jugendlichen vielfältige Angebote und Anregungen zu schaffen, um sie in ihrer Entwicklung zu unterstützen. Daran, ob und wie Angebote und Anregungen von den Kindern, Jugendlichen und Erwachsenen angenommen werden, lässt sich im pädagogischen Alltag eine besondere kognitive Begabung dann oftmals gut erkennen und weiterentwickeln.

4.2 Räume zur Entfaltung kognitiver Begabungen

Kinder, Jugendliche und Erwachsene spüren, was man ihnen zutraut und was man von ihnen erwartet. Hier ist offene Kommunikation wichtig, wenn man als Pädagogin oder Pädagoge etwas Konkretes erreichen will. Wenn es Anzeichen für besondere kognitive Begabungen gibt, stellen sich Fragen wie:

- Hat die Person andere Bedarfe als andere Personen?
- Braucht die Person besondere Angebote zur Förderung?
- Wie können Eltern oder auch Peers eingebunden werden?
- Wie können etwa im Kindergarten Angebote geschaffen werden, mit denen man auf die Bedarfe der Kinder eingehen kann?

Häufig beginnt die Förderung in der Familie. Besonders in der frühen Kindheit sind Eltern die Personen, die für die Förderung der Begabung verantwortlich sind. Mit Eintritt in den Kindergarten bzw. Übergang zur Schule kommen dann weitere Ansprechpersonen und Beratende hinzu.

Eltern kognitiv begabter Kinder und Jugendlicher kämpfen oft gegen Vorurteile. Nehmen wir Ruby Redfort: Würden die Eltern Ruby unterstützen, dann müssten sie die Konflikte, etwa in der Schule, begleiten und hier nach Lösungen suchen. Im Roman löst Ruby das alles selbstständig, im echten Leben würde das die allermeisten Kinder aber überfordern. Wenn Eltern das Recht auf Förderung einfordern – etwa in der Kindertagesstätte oder in der Schule –, stehen sie häufig allein und ratlos da. Viele Eltern sind überfordert und überfragt, wie sie ihre Kinder angemessen unterstützen können. Und ob die entsprechenden Einrichtungen auf Kinder mit besonderen Begabungen eingestellt sind, ist oftmals Glückssache. Bei den anderen, hier später zu bearbeitenden Begabungsdimensionen gibt es häufig spezielle Angebote (etwa Unterricht für musikalisch talentierte Kinder und Jugendliche oder Training für körperlich-kinästhetisch begabte Kinder und Jugendliche). Wenn Eltern auf eine kognitive Begabung bei ihrem Kind verweisen, dann nehmen viele dies nicht ernst. Oftmals wird davon ausgegangen, dass das Label Begabung andere Defizite überdecken soll – etwa das »Gehen über Tische und Bänke« in der Schule. Dass diese Aspekte systematisch zusammenhängen können, ist vielen Menschen noch immer nicht klar (Stichwort: Unterforderung). Eltern müssen dann gegen das Unverständnis ihrer Umgebung kämpfen. Und selbst wenn kognitive Begabungen anerkannt werden, ist es immer noch fraglich, ob auch passende Angebote in den Institutionen geschaffen werden. Denn viele Menschen gehen davon aus, dass Begabte sich von allein durchsetzen und ihre Begabungen entwickeln können. Dass dies so nicht funktioniert, haben wir anhand des Prozessmodells von Christian Fischer erläutert (▶ Kap. 1.3). Begabungsentwicklung kann nur dann gelingen, wenn entsprechende Förderangebote bereitgehalten werden (Bundesministerium für Bildung und Forschung, 2015).

Doch was kann man tun, wenn man als Elternteil oder auch als pädagogische Fachkraft überfordert und sich unsicher ist, wie mit den Kindern und Jugendlichen, aber auch den Erwachsenen umgegangen werden kann?

- Holen Sie sich professionellen Rat, zum Beispiel in speziellen Beratungsstellen[4]. Dies geht oftmals telefonisch oder auch in einem persönlichen Gespräch.
- Sprechen Sie mit (anderen) pädagogischen Fachkräften, etwa Erzieherinnen oder Lehrpersonen. Oft sind es andere Menschen, die die eigenen Perspektiven erweitern und helfen können, die entsprechenden Personen angemessen wahrzunehmen. Gerade Erzieherinnen im Kindergarten, Pädagogen im Offenen Ganztag

---

4 Eine gute Übersicht über Beratungs- und Förderangebote bietet die Webseite www.begabungslotse.de von Bildung & Begabung. Dort können Sie nach Zielgruppen, Angeboten und Fächern/Themen passgenaue Angebote in Ihrer Nähe finden.

oder Lehrpersonen können Kinder und Jugendliche mit anderen Gleichaltrigen in Bezug setzen und somit bei der Wahrnehmung der Begabung hilfreich sein. Zudem können in Teams besser passende Angebote für Kinder, Jugendliche oder auch Erwachsene eingerichtet werden.

- Bei Bedarf gibt es auch Selbsthilfeeinrichtungen, zum Beispiel die Deutsche Gesellschaft für das hochbegabte Kind (DGhK).
- Natürlich gibt es auch eine Vielzahl an Ratgebern (wie diesen hier), Internetportalen, Blogs und Diskussionsforen. Wir empfehlen hier allerdings eine kritische Haltung, da die Qualität der Quellen häufig sehr unterschiedlich ist und stark von den Schreibenden abhängt. (vgl. BMBF, 2015, S. 69)

Neben Beratung und Information geht es dann in der pädagogischen Praxis darum, Angebote zur Begabungsförderung zu machen. Die Frage ist, welcher Raum hierfür in den jeweiligen Institutionen vorhanden ist oder geschaffen werden kann. Hinzu kommt, dass die fördernden Personen selbst Ressourcen benötigen, um entsprechende Angebote bereitstellen zu können. Hier geht es also auch immer darum, den eigenen Handlungsrahmen im Blick zu halten. Um kognitive Begabungen entwickeln zu können, bieten sich folgende Fördermöglichkeiten zur Entfaltung kognitiver Begabungen an, wobei diese Liste Impulse setzen kann, aber nicht abgeschlossen ist:

- Die Förderung kognitiv besonders begabter Kinder im Kindergarten ist an sich nichts Besonderes und unterscheidet sich nicht von einem allgemein guten Förderangebot. Im Kindergarten sind beispielsweise räumliche, personelle und methodische Anreicherungen der Erfahrungsumwelt so angelegt, dass sie dazu einladen, neue Themengebiete selbst zu erschließen. Hier gibt es einen Rahmen, in dem Kinder sich ausprobieren können. Dabei werden sie von den Erzieherinnen und Erziehern begleitet und erfahren sich in der Gruppe als kompetente Personen. Im Kindergarten sind die Gruppen häufig altersgemischt, sodass besonders leistungsstarke Kinder ähnlich leistungsstarke, aber vielleicht ältere Kinder finden können. Die Älteren können als Vorbilder dienen und zur Nachahmung anregen, aber auch Zugpferde für die individuelle Begabungsentwicklung sein (BMBF, 2015, S. 71–73).

- Im Kindergarten ergeben sich immer wieder Möglichkeiten, um für besonders interessierte Kinder Projekte anzubieten, in denen die Kinder sich ausprobieren können. Dies können Experimentierangebote im naturwissenschaftlichen Bereich sein, Angebote, die das kritische Denken der Kinder fördern – etwa durch die Auseinandersetzung mit speziellen Problemfragen –, oder auch der Austausch mit Expertinnen und Experten aus einem Bereich. Oftmals lassen sich auch die Eltern der Kinder mit einbinden, die vielleicht einen außergewöhnlichen Beruf oder ein Hobby ausüben. Diese Erwachsenen können Interessen in den Kindern wecken.
- Für die Schule gibt es ein Forder-Förder-Projekt, in dem die Schülerinnen und Schüler schon ab dem Grundschulalter eigene Themen nach ihren eigenen Interessen auswählen können, hierzu recherchieren und eine eigene Expertenarbeit schreiben und die wichtigsten Aspekte in einem kleinen Vortrag vorstellen können. Die Schülerinnen und Schüler trainieren hierbei Lernstrategien und werden in ihren Begabungen herausgefordert. In einem Handbuch hat das Team des Internationalen Centrums für Begabungsforschung (Fischer, Hillmann, Kaiser-Haas & Konrad, 2021) das Projekt so aufbereitet, dass es für die eigenen Bedingungen adaptiert werden kann.
- Auch außerhalb der Schule gibt es die Möglichkeit, eigene Themen interessengeleitet zu verfolgen und hierzu ansprechende Produkte zu erstellen. Während im Forder-Förder-Projekt eine schriftliche Expertenarbeit obligatorisch ist, kann in der Jugendarbeit auch ein anderes Format erprobt werden, etwa das Erstellen von Videos, Podcasts oder eigenen Homepages. Erfahrungen aus den Schulprojekten an Grundschulen und weiterführenden Schulen zeigen, wie inspirierend für Kinder und Jugendliche die

Beschäftigung mit eigenen Herzensthemen sein kann. Eine Übertragung in außerschulische Orte erscheint hier durchaus möglich und bietet – gerade als außerschulischer Ort – noch einmal ganz neue Möglichkeiten innerhalb solcher Projekte.

- Anregungen von außen können für Kinder, Jugendliche und auch Erwachsene auch dann besonders spannend sein, wenn sie verbunden werden mit Ausflügen und Exkursionen. Viele Museen, Planetarien, Zoos, Gedenkstätten, ... haben interessante Angebote für spezielle Zielgruppen. Das kann viele interessieren, spricht aber vielleicht besonders interessierte und motivierte Kinder, Jugendliche und Erwachsene noch einmal im Besonderen an. Jugendtreffs oder Kindergärten haben allerdings oftmals beschränkte finanzielle Ressourcen. Bisweilen finden sich aber öffentliche Fördermöglichkeiten, um entsprechende Angebote realisieren zu können. Wichtig ist dabei auch, dass es nicht unbedingt um das große Event gehen muss, sondern es auch die Spurensuche vor der eigenen Haustür sein kann (etwa der Besuch des Heimathauses, in dem verschiedene Generationen zusammenkommen, der Besuch der örtlichen Bäckerei, der Feuerwehr, des Klärwerks, ...). Orte des Alltags werden oftmals gar nicht richtig wahrgenommen – auch hier können spannende Angebote gemacht werden, wo vergleichsweise wenige Ressourcen wie Zeit und Geld erforderlich sind.
- Kinder und Jugendliche profitieren häufig stark vom Kontakt mit ähnlich Begabten und Interessierten. Dabei kann es darum gehen, über die Grenzen der eigenen Institution Kontakte zu schaffen und Kindern, Jugendlichen oder Erwachsenen Kontakt zu Gleichgesinnten zu eröffnen. Hilfreich können hier (Schnupper-)Angebote in der Nähe sein. Wenn Sie in der Nachbarschaft einer Universitätsstadt leben, kann ein Kind beispielsweise an Angeboten wie der »Kinder-Uni« teilnehmen. An der Westfälischen Wilhelms-Universität Münster gibt es zum Beispiel das Format »Q.Uni – Kinder- und Jugend-Uni Münster« für Kinder der 3. bis 6. Klasse, bei der in Vorlesungsreihen Fragen wie »Wie funktioniert Politik?«, »Warum explodieren Schokoküsse?«

oder »Können Tiere denken?« thematisiert werden (Westfälische Wilhelms-Universität Münster). Vielfach gibt es, gerade auch in der Zeit der Corona-Pandemie, Online-Angebote, die Universitäten oder Forschungseinrichtungen kostenfrei zur Verfügung stellen. In vielen Regionen gibt es ähnliche Angebote, sowohl für Kinder als auch für Jugendliche. Webseiten wie der Begabungslotse von Bildung & Begabung (siehe Fußnote 3) oder die der Deutschen Gesellschaft für das hochbegabte Kind (http://www.dghk.de) sind gute Adressen für Recherchen.

Und Ruby Redfort? Welche Räume werden Ruby eröffnet, um ihre Begabung entfalten zu können? Die Lesenden des Buches erhalten den Eindruck, dass Ruby sehr viele Freiheiten genießt. Diese werden ihr zum einen durch ihre eher einfältigen Eltern unabsichtlich gewährt und gleichzeitig ertrickst sie sich diese Freiheiten regelmäßig, indem sie zum Beispiel gewieft Krankmeldungen in der Schule fälscht. Rubys Eltern scheinen ihr zumindest keine Steine in den Weg zu legen, und auch wenn die Lesenden den Eindruck gewinnen, dass ihre Eltern sich kaum für Ruby zu interessieren zu scheinen, stellen sie ihr doch Ressourcen zur Verfügung, um ihre Interessen eigenständig zu vertiefen (Woher sonst kommt Rubys umfangreiche Literatursammlung?). Ruby hat Erfolgserlebnisse beispielsweise durch Teilnahme an den *Junior-Codeknacker-Meisterschaften* oder am *Junior-Code-Erfinder-Wettbewerb*. Und nicht zuletzt hat Ruby ihren besten Freund Clancy. Er ist ihr Komplize, mit dem sie ihren eigenen Code entwickelt hat und geheime Botschaften an geheimen Orten versteckt. Sie sehen, es ist ein Gemisch aus vielen verschiedenen Faktoren, mit dessen Hilfe Kinder, Jugendliche oder auch Erwachsene ihre kognitiven Begabungen entwickeln können.

5

Sprachliche Begabung

Sprachliche Begabung hat verschiedene Dimensionen. Howard Gardner (1993) verweist auf die Sensibilität sowohl für die gesprochene als auch die geschriebene Sprache (Mündlichkeit und Schriftlichkeit) sowie die geschickte und zweckorientierte Verwendung von Sprache und das Fremdsprachenlernen. Dabei sind hier komplexe Handlungen erforderlich, die sich auf verschiedenen Ebenen zeigen können. Sensibilität für Sprache kann sich im Schriftlichen etwa im Sinne einer literarischen Kreativität zeigen, aber auch im Verfassen von Sachtexten. Besondere Fähigkeiten in der Auseinandersetzung mit Semantik, Grammatik oder Phonetik zählen ebenso zu dieser Dimension. Rhetorisch gewandt zu sein bezieht sich auf die gesprochene Sprache und bietet wiederum andere Orientierungspunkte (Giesecke 2012). Dabei spielen sowohl die Muttersprache als auch potenzielle Fremdsprachen eine Rolle in dieser Begabungsfacette.

5.1 Sprachliche Begabungen erkennen

Bei Kindern lassen sich sprachliche Begabungen in unterschiedlichen Bereichen erkennen. Sie verfügen dann beispielsweise über einen ungewöhnlichen und großen Wortschatz, können sich sehr gut ausdrücken und sind rhetorisch gut. Kinder mit einer sprachlichen Begabung verfügen oft über viel Fantasie und können Geschichten erzählen. Wenn sie älter werden, beginnen sie mit dem eigenen Schreiben, legen Geschichtenhefte oder auch Sachthemenhefte an und sammeln hier ihre eigenen Ideen, Geschichten oder Fakten zu einzelnen Themen.

Der Umgang mit Fremdsprachen ist ein besonderer und verdeutlicht, dass Begabungen immer kulturell und sozial gebunden sind. Stellen Sie sich vor, Sie sind Erzieherin in einem Kindergarten. Ein Junge kommt neu zu Ihnen in die Gruppe, er ist vier Jahre alt. Sein Vater ist Engländer, die Mutter ist Deutsche, der Junge wird bilingual erzogen. Er verfügt über einen guten englischen, aber auch deutschen Sprachgebrauch. Manchmal gehen die Vokabeln noch durcheinander. Aber Sie können den Jungen gut verstehen, können ihm manchmal noch Tipps geben und können erkennen, dass dieser Junge schon über ein ausgeprägtes Sprachverständnis verfügt. Zwei Monate später kommt ein Mädchen neu in die Gruppe. Sie spricht Arabisch und Deutsch. Hier fällt es Ihnen vielleicht deutlich schwerer, dem Mädchen Hilfestellungen zu geben. Das Arabische verunsichert sie. Sprache erscheint hier eher als ein Problem. Wichtig sei es, dass zuhause vor allem Deutsch gesprochen wird, ist die Meinung einer Kollegin, die Sie um Rat fragen (vgl. auch Rott 2021).

Beispiele wie dieses erscheinen vielleicht pauschalisierend und vereinfachend. Aber sie verdeutlichen, welchen Sprachen wir bestimmte Wertigkeiten zuschreiben. Englisch, Französisch oder Spanisch sind Sprachen, die in der Schule als Fremdsprache angeboten werden. Diese Sprachen durchziehen mehr oder weniger unseren Alltag, etwa im Kontakt mit der Popkultur. Das Arabische oder Türkische erscheint uns dagegen oft fremd. Hier können viele Personen nicht einhaken, weil ihnen der Kontakt zu diesen Sprachen fehlt. In der Schule spielen diese Sprachen auch nur eine sehr untergeordnete Rolle. Nur in wenigen Schulen etwa kann Türkisch als Fremdsprache gewählt werden. In anderen Ländern, beispielsweise Kanada, sieht das ganz anders aus. Hier werden Schülerinnen und Schüler, die neu in das Land kommen und Englisch bzw. Französisch nicht als Muttersprache haben, zunächst auch in ihrer Muttersprache unterrichtet. Sprachliche Begabungen lassen sich so viel eher erkennen, als dies im deutschsprachigen Raum der Fall ist.

Fallbeispiel: Enno Anders (Frank, 2017)

Leseempfehlung
Frank, A. (2017). *Enno Anders oder Löwenzahn im Asphalt*. Stuttgart: Urachhaus.

Enno heißt nicht nur Anders, er ist es auch. Seine Eltern und seine Schwester verzweifeln an ihm, er ist »verpeilt« und kann die einfachsten Aufgaben nicht umsetzen. Er soll den Frühstückstisch decken? Das reinste Chaos. In der Schule ist es ähnlich. Er ist schon elf und immer noch in der vierten Klasse, der Übergang zur weiterführenden Schule erweist sich als schwierig. Die Eltern wollen ihn auf das Gymnasium schicken, seine Klassenlehrerin, Frau Wolf, sieht das ganz anders und drängt auf den Besuch einer Förderschule: »Du hast zwei Jahre verloren, weil deine Eltern dich erst mit sieben eingeschult haben und du dann auch noch die zweite Klasse wiederholen musstest« (Frank 2017, S. 45). Für das Gymnasium sieht Frau Wolf keine Perspektive.

Enno fällt es schwer, sich zu konzentrieren, und er macht sich Gedanken über Dinge, die anderen vielleicht gar nicht auffallen würden. Nur sein als hochbegabt getesteter Freund Ole versteht ihn. Dabei ist Ole selbst ein Sonderfall: Ennos Mutter finde ihn »merkwürdig[]« (Frank 2017, S. 74) und in der Schule »finden ihn alle bescheuert« (S. 19). Ole ist aber der einzige Mensch in Ennos Umfeld, der Enno offen und verständnisvoll begegnet. Die Mutter hat Angst vor Ennos Macken und sieht für seine Zukunft schwarz, seine Schwester findet ihn nervig, die Klassenlehrerin verweist auf seine Fehler und seine mangelnde Konzentration. Durch Ole wird aber deutlich, welche Rolle die Peers in der Erkennung von Begabung, aber auch in der Förderung einnehmen können. Ohne Oles Beharrlichkeit würde Enno in dieser Geschichte nicht in der Lage sein, seine Begabung so zu entfalten, dass sie auch von außen wahrgenommen und wertgeschätzt werden kann.

Die in den Roman eingewobenen Geschichten und vor Fantasie sprühenden Ideen vom Planeten Mamojusave, in denen er den Tod seines geliebten Großvaters verarbeitet, zeigen, welche Kraft in der Sprache des Jungen liegt. Diese Geschichten sind es auch, die Enno das Tor öffnen in eine Umgebung, in der er so akzeptiert wird, wie er ist.

5.2 Räume zur Entfaltung sprachlicher Begabungen

Für die pädagogische Praxis bieten sich viele, auch alltägliche Gelegenheiten, Kinder oder Jugendliche in ihren sprachlichen Begabungen herauszufordern und ihnen ein ansprechendes Angebot zu machen.

Nehmen wir beispielsweise den Aspekt Humor. Über Sprache bildet sich Witz ab, durch einen ganz spezifischen, oft veränderten Gebrauch von Sprache können wir Menschen zum Lachen bringen und dies auch Kindern und Jugendlichen nahebringen. Ein wichtiger Aspekt dabei ist, dass Personen im pädagogischen Feld selbst Sprachvorbilder sind – natürlich über die Ebene des Humors hinaus und ganz generell gesprochen.

Um sprachlich begabte Kinder und Jugendliche zu finden, bedarf es einer entsprechenden Aufmerksamkeit. Auffallen können Kinder und Jugendliche etwa, wenn sie deutlich schneller sind als andere (schneller komplexe Sätze sprechen als Gleichaltrige im Kindesalter oder schneller Fremdsprachen lernen in der Schulzeit) oder wenn sie sprachliche Strukturen vertieft erfassen können, etwa wenn sie sensibel sind für grammatikalische Fragen. Auch ein außergewöhnlicher Wortschatz oder eine differenzierte Rhetorik können darauf hinweisen, dass Kinder und Jugendliche auf eine sprachliche Begabung zurückgreifen können.

Ein Bereich, der vielleicht seltener direkt erkennbar ist, ist ein ästhetisches Sprachempfinden: Einige Kinder, Jugendliche oder auch Erwachsene zeigen ein Bedürfnis nach schönen (Satz-)Strukturen oder Worten und nutzen diese auch für die eigene Sprachproduktion. Die Nähe zum literarischen Schreiben ist an dieser Stelle gegeben. Aber auch das Verschlingen von Büchern kann hier ein wichtiger Indikator sein: Es können Geschichten sein oder auch Sachthemen, in die Kinder, Jugendliche und Erwachsene eintauchen. Hierbei spielt die Sprache eine große Rolle und beeinflusst auch den eigenen Sprachgebrauch.

Auch wenn hier nur kursorisch skizziert, wird deutlich, dass sprachliche Begabung komplex ist. Am Beispiel Humor haben wir dies eingangs schon einmal verdeutlicht. Wichtig erscheint es, den Kindern und Jugendlichen vielseitige Angebote zu machen: Vorlesen spielt dabei eine zentrale Rolle. Hier können Kinder schon früh mit literarischen Texten in Kontakt kommen, auch wenn etwa im Elternhaus nur selten zum Buch gegriffen wird. Und auch bei Jugendlichen kann das Vorlesen eine besonders intensive Erfahrung sein. Hier spielt auch der Aufbau von Beziehungen eine große Rolle. Das Vorlesen bedeutet, dass sich alle Beteiligten Zeit nehmen müssen. Die Texte können gemeinsam ausgesucht werden, für das Vorlesen gibt es vielleicht bestimmte Zeiten oder Räume. In den Kindergärten und Schulen werden solche Angebote oftmals von sogenannten Lesepatinnen und -paten übernommen. Ehrenamtliche kommen in die Institution und machen ein Leseangebot.

Neben dem Rezipieren können aber auch Anreize geschaffen werden, damit sich die Kinder und Jugendlichen selbst mit dem Lesen beschäftigen. Hierzu gehört das gemeinsame Entdecken der geschriebenen Sprache etwa im Kindergarten oder das gemeinsame Lesen von Text-Bild-Kombinationen, durch die die Kinder an das Lesen als Tätigkeit herangeführt werden können. Sind die Kinder und Jugendlichen einmal für eine Geschichte oder ein Sachthema begeistert, dann kann eine pädagogisch arbeitende Person helfen, diese Motivation von außen zu unterstützen. Dies kann etwa dann gelingen, wenn geeignete Texte zur Verfügung gestellt oder Gespräche über das Gelesene angeboten werden. Auch hier erfahren die Kinder und Jugendlichen Wertschätzung für die Leistung Lesen, aber auch für die Themen und Geschichten, die sie interessieren. Lesende werden zu Expertinnen und Experten für diese Geschichten oder Themen und können inspirierend von ihren Erfahrungen berichten.

Exkurs: Vorlesen

Ein wichtiger Aspekt in der Entwicklung von Begabung und Neugier, aber auch in der Pflege von Beziehungen zwischen Kindern und Erwachsenen ist das Vorlesen. Vorlesen ist oftmals ein Ritual, etwa zum Schlafengehen. Die Eltern lesen ein paar Seiten vor, schauen sich noch ein Bilderbuch an – und dann wird das Licht ausgemacht. Das Vorlesen kann aber im pädagogischen Alltag auch noch mehr sein als das allabendliche Vorlesen beim Zubettgehen. Neben den Eltern sind es die Pädagoginnen und Pädagogen im Kindergarten oder im Offenen Ganztag, die vielfältige Leseerfahrungen schaffen können.

Wenn über Bilderbücher Begabungen angesprochen werden sollen, eignen sich besonders Texte, in denen die Figuren dazu ermutigt werden, die Welt zu erkunden und sich zu eigen zu machen. Neben solchen Geschichten gibt es auch Bilderbücher, die eher Szenarien entwickeln als durchgängige Geschichten erzählen und die so für Vorlesesituationen besonders interessant sein können.

Leseempfehlung
Bell, Davina (2020). *Was du nicht alles kannst!*. Illustriert von Allison Colpoys. Berlin: Insel Verlag.

»Was du nicht alles kannst!« von Davina Bell (2020) ist ein solches Beispiel. In knalligen Neonfarben illustriert, wimmelt es hier von kleinen, teils fantastischen Alltagsszenen, in denen Kinder klar im Mittelpunkt stehen und Erwachsene maximal eine Nebenrolle einnehmen. Mit kurzen, witzigen Reimen werden die Lesenden schnell in den Bann des Buches gezogen. Auf den Einzel- oder Doppelseiten nehmen die Kinder das Leben in die Hand: Sie basteln, handwerken, kommen mit Fledermäusen, Dinosauriern und Drachen in Kontakt und sprühen vor Neugier und Freiheit. Das Bilderbuch bietet für Vorlesesituationen viele Entwicklungsmöglichkeiten. Sowohl einzelne Szenarien können vorgestellt und besprochen als auch das ganze Buch vorgelesen werden. Die einzelnen Situationen bieten für die »Eigenproduktion« der Kinder spannende Ausgangslagen, um sich selbst zu erproben, neue Dinge auszuprobieren oder ihre Fantasie zu entfalten (ausführliche Rezension unter (https://begalum.de/index.php/de/datenbanksuche/item/17-was-du-nicht-alles-kannst).

Leseempfehlung
Yamada, Kobi (2019). *Vielleicht – Eine Geschichte über die unendlich vielen Begabungen in jedem von uns*. Illustriert von Gabriella Barouch Colpoys. Berlin: adrian Verlag.

Ein weiteres Beispiel ist »Vielleicht« von Kobi Yamada (2019). Hier folgt man einer namenlosen Figur durch ein mystisches und naturnahes Szenario auf einer Reise. Auf jeder Doppelseite steht ein Satz, der mit »Vielleicht ...« beginnt und eine hypothetische Idee entwickelt, was das angesprochene Du machen oder erreichen wird. Etwa: »Vielleicht bist du hier, um Licht an Orte zu bringen, die viel zu lange dunkel waren.« Die Figur trägt eine Mütze auf dem Kopf, die an einen Vogel erinnert, und wird von einem kleinen Ferkel begleitet. Die Figur begegnet einem riesigen Eisbären und vielen anderen Tieren. Dieses Buch bietet sich sowohl mit seinen Doppelseiten als auch als Ganzes an, um mit Kindern besprochen zu werden. Hier lassen sich Inspirationen finden, um über die eigene Zukunft, die eigenen Ideen und Träume nachzudenken. Wie schon bei »Was du nicht alles kannst« lassen sich in pädagogischen Vorlesesituationen gestalterische und produktive Phasen anschließen, in denen Kinder ihren eigenen Fragen nachgehen können.

Neben dem Vorlesen gibt es selbstverständlich noch weiterführende Möglichkeiten der Förderung sprachlicher Begabungen. Hierzu zählen vielfältige kulturelle Angebote, die eingebunden werden können in den Kindergarten, die Schule, den Jugendtreff oder die soziale Arbeit: etwa der Besuch von Kindermatineen, das Organisieren von Lesungen, der Besuch von Zeitungsredaktionen oder Bibliotheken sowie das Anbieten etwa von Theatergruppen.

Zudem können Spielerische Zugänge zur Sprache äußerst motivierend sein. Die *Rory Story Cubes* (https://www.storycubes.com/de/) etwa bieten lustige oder spannende Sprachanlässe, die auch im alltäglichen Spiel und kurzweilig angeboten werden können. Bei langen Autofahrten kann gemeinsam an einer Geschichte gesponnen oder etwa über Nummernschilder nach lustigen Worten gesucht werden.

Die Beschäftigung mit Science Fiction für Jugendliche ist da etwas anspruchsvoller, kann aber gerade solche Jugendliche erreichen, die sich stark für technische Aspekte interessieren. Im Internet gibt es hier große Communities, die Anschlussmöglichkeiten für das eigene Schreiben bieten und so einen Austausch zwischen Gleichinteressierten.

Ein ganz klassischer, aber bewährter Einstieg in das Schreiben ist das Führen eines Tagebuchs. Ob handschriftlich oder digital – das Tagebuch bietet Kindern und Jugendlichen die Chance, sich mit ihren Erfahrungen, Gefühlen und Sorgen auseinanderzusetzen und Klärungen bei Problemen herbeizuführen.

Das Sprechen über Literatur und Sprache ist ebenfalls ein wichtiger Faktor. Und wenn im Elternhaus wenig über solche Dinge gesprochen wird, können pädagogische Orte Raum bieten für ebensolche Gespräche.

Einige mögen auch die kompetitive Auseinandersetzung. Hier gibt es für sprachlich Begabte ein vielseitiges Angebot, etwa zum Argumentieren, in den Fremdsprachen, im literarischen oder sachtextlichen Schreiben. Und es gibt Vorlesewettbewerbe, in denen sich Kinder und Jugendliche miteinander messen können und entsprechende Herausforderungen suchen.

6

Logisch-mathematische Begabung

Zur logisch-mathematischen Begabung gehört die Fähigkeit, Probleme logisch zu analysieren, mathematische Operationen durchzuführen und wissenschaftliche Fragen zu untersuchen. Von der logisch-mathematischen Begabung machen Mathematikerinnen, Logiker, Programmiererinnen und Naturwissenschaftler Gebrauch. Jemand, der gern und gut mit Zahlen umgeht, sich komplexe Rechenaufgaben sucht und löst, sich für Zahlen begeistert und Algorithmen spannend findet, ist vermutlich mathematisch begabt. Personen, die über eine mathematische bzw. numerische Begabung verfügen, können nicht nur schwirige mathematische Berechnungen (im Kopf) durchführen, sondern sich auch in komplexe Probleme eindenken und diese analysieren. Eine weitere Stärke liegt im Erkennen von Mustern.

Oft wird mathematische Begabung mit einem hohen Niveau mathematischer Allgemeinbildung (also mit hohen Rechenkompetenzen, geometrischen und sachrechnerischen Fähigkeiten) oder mit der IQ-Definition gleichgesetzt (Käpnick, 2013). Numerische Begabung wird in vielen Intelligenztests als eine Komponente miterfasst. Hier wird ein Begabungsmerkmal durch psychologische Testverfahren messbar gemacht. Bei Kindern zeigt sich die mathematische Begabung in einer Begeisterung für Zahlen, in altersmäßig schnellem Erlernen von mathematischen Prozeduren (Rechnen), in Freude am Knobeln und Problemlösen.

Fallbeispiel Yuri Strelnikov (Kennedy, 2017)

Leseempfehlung
Kennedy, K. (2017). *Der Asteroid ist noch das kleinste Problem*. Stuttgart: Planet!.

An dieser Stelle machen wir Sie mit Yuri Strelnikov aus dem Roman *Der Asteroid ist noch das kleinste Problem* von Katie Kennedy (2017) bekannt. Yuri ist 17 Jahre alt, Physiker an der staatlichen Universität Moskau und will unbedingt den Nobelpreis verliehen bekommen. Er wird als »russisches Wunderkind« (S. 11) in die USA geschickt, um gemeinsam mit einem Team von Wissenschaftlerinnen und Wissenschaftlern der amerikanischen Weltraumorganisation NASA die Welt vor einer Katastrophe zu bewahren. Zusammen müssen sie versuchen, einen Asteroiden auf seinem Sturzflug auf die Erde abzulenken, um die Vernichtung der Menschheit zu verhindern. Hierfür haben sie nur wenige Tage Zeit. Yuri wird von seinen Kolleginnen und Kollegen aufgrund seines Alters nicht wirklich ernstgenommen. Als Yuri seinem neuen Teamleiter vorgestellt wird, sagt dieser: »Ja, ich weiß, wer er ist. Ich weiß nur nicht, warum er hier ist. Eine Frage, Dr. Strelnikov. Rasieren Sie sich schon?« (S. 11). Yuri ist auf sich allein gestellt im fremden

Land mit fremder Sprache im einsamen Hotelzimmer. Aufgrund seiner Herkunft wird er isoliert, da die Amerikanerinnen und Amerikaner Angst haben, er könnte als Spion arbeiten. Er selbst findet das absurd und will sich lieber dem Asteroiden widmen. Also beginnt er zu rechnen:

»Die Zeit verschwamm zu einem Wust aus Arbeit, Zetteln und Nummern. Am zweiten Tag trug Yuri keine Schuhe und Socken mehr. Seine Haare standen wie Stroh nach allen Seiten ab, weil er andauernd seine Faust hineingrub, wenn er vornübergebeugt, die Ellbogen auf dem Tisch, über seinen Berechnungen saß. Die Mathematik wurde lebendig. Er konnte sie sehen, wenn er seine Augen schloss. Einmal träumte er sogar, wie sich die Gleichungen von der Erde bis zum Asteroiden erstreckten. Der Felsbrocken prallte gegen die letzte Ziffer, hielt inne und schoss dann nach unten, wobei er Exponenten und Integrale zersplitterte, deren Scherben ins Weltall flogen.« (Kennedy, 2017, S. 38)

Dann lernt Yuri ein Mädchen namens Luna kennen. Luna fasziniert ihn sehr, ist sie doch ein kreativ-verrücktes Mädchen, das ohne Führerschein Auto fährt, Bilder malt, aber Yuris Begeisterung für Mathematik nicht nachvollziehen kann:

»›Ja, warum, stehst du auf Mathe?‹ ›Sehr. Sie ist die Sprache des Universums.‹ [...] Am liebsten hätte ihr Yuri auf der Stelle die Schönheit von Mathematik erklärt. Die Eleganz einer Gleichung, die Schlichtheit in der Komplexität. Den Nervenkitzel, die Wahrheit zu berühren und zu wissen, dass sie uralt und unanfechtbar, tief und beständig war.« (Kennedy, 2017, S. 27)

Yuri sieht in der Mathematik also etwas Schönes, Ästhetisches – eine Facette mathematischer Begabung, die vielleicht nicht für alle nachvollziehbar ist.

Von dem Moment an, in dem Yuri auf Luna trifft, ist für Yuri der Asteroid nur noch das kleinste Problem, denn:

»Yuris Genialität ersteckte sich, selbst in seinen besten Zeiten, nicht auf zwischenmenschliche Beziehungen. Dieses Mädchen ... er hatte so jemanden wie sie noch nie gesehen.« (S. 23)

6.1 Logisch-mathematische Begabungen erkennen

Je früher mathematische Begabung erkannt und gefördert wird, umso besser kann sie sich entfalten. In Deutschland beschäftigen sich nur wenige Fachdidaktikerinnen und -didaktiker wissenschaftlich mit mathematischer Begabung. Einer von ihnen ist Friedhelm Käpnick von der Westfälischen Wilhelms-Universität Münster. Von ihm stammt das Projekt »Mathe für kleine Asse«[5]. Er forscht mit seinem Team seit vielen Jahren zu mathematisch begabten Kindern und hat im Laufe der Zeit die folgenden mathematikspezifischen Begabungsmerkmale erarbeitet:

Mathematikspezifische Begabungsmerkmale

- Speichern mathematischer Sachverhalte im Arbeitsgedächtnis unter Nutzung erkannter Strukturen
- Strukturieren mathematischer Sachverhalte
- Mathematische Sensibilität
- Mathematische Fantasie
- Selbstständiger Transfer erkannter Strukturen
- Selbstständiges Wechseln der Repräsentationsebenen
- Selbstständiges Umkehren von Gedankengängen (Käpnick, 2013)

Können Sie sich, vielleicht auch gerade dann, wenn Sie nicht als Mathematiklehrer bzw. -lehrerin arbeiten, die einzelnen mathematikspezifischen Begabungsmerkmale vorstellen?

Wahrscheinlich hängt Ihre persönliche Vorstellung von diesen Merkmalen von Ihrer eigenen Affinität zur Mathematik ab. Für die

---

5 Informationen über das Projekt sind auf der Webseite https://www.uni-m uenster.de/IDMI/arbeitsgruppen/ag-kaepnick/mathe-fuer-kleine-asse/ aufgeführt.

eine sind mathematische Sensibilität und Fantasie gut zu erkennen, für den anderen ist das schwerer. Je nach Affinität fällt es auf, wenn sich eine Person für Zahlen begeistert oder verrückte Rechenoperationen anstellt. Wer so etwas erkennen will, der muss sich selbst mit Mathematik beschäftigen, denn ansonsten fehlt der Blick für diese Besonderheiten.

> **Exkurs: Begabung und Geschlecht**
> Ein Problem, das oftmals beschrieben wird, ist, dass bestimmte Begabungen bestimmten Gruppen zugeschrieben und damit anderen abgeschrieben werden. Dies gilt etwa für das Thema Mathematik und Mädchen. Oftmals finden sich Stereotype, nach denen Mathematik eher männlich konnotiert wird und Mädchen oder Frauen mathematische Begabungen eher abgesprochen werden. Wir gehen davon aus, dass Geschlecht eine sozial konstruierte Kategorie ist, die sich auch nicht über die zwei Geschlechter Frau/Mann alleine abbilden lässt. Im Sinne eines Konstruktes erweist sich Geschlecht vor allem als »sozialer Platzanweiser« (Lutz & Amelina, 2017) und nicht als angeborenes Persönlichkeitsmerkmal. Dies hat Konsequenzen für die pädagogische Arbeit in allen Feldern und zwingt jede und jeden dazu, die eigene Position zu diesem Thema zu reflektieren.
> Wie bei störenden Zuordnungen (etwa in *Wie ein Fisch auf einem Baum*, Hunt, 2016, ▶ Kap. 1.3) kann auch die Kategorie Mädchen oder (junge) Frau dazu führen, dass Begabungen nicht erkannt werden. In ihren Studien hat die Bildungsforscherin Margit Stamm (etwa 2007) gezeigt, dass Mädchen spätestens seit den 2000er Jahren eher zu den Gewinnenden im Bildungssystem zählen und es die Jungen sind, die schlechter in der Schule abschneiden. Mädchen erbringen im Schnitt gleichgute oder bessere Leistungen in den MINT-Fächern und erreichen auch häufiger das Abitur als die männlichen Altersgenossen. Dennoch werden Mädchen und Frauen Kompetenzen in den MINT-Fächern eher abgesprochen.

> Der Wuppertaler Fachdidaktiker Ralf Benölken, dessen akademischen Wurzeln in der Arbeitsgruppe von Friedhelm Käpnick liegen, hat sich in seinen Studien explizit mit Mädchen im Grundschulalter beschäftigt, die eine mathematische Begabung aufweisen, und damit einen wichtigen Beitrag geleistet, um die blinden Flecken in diesem Bereich aufzuhellen (2009). Benölken verweist etwa darauf, dass mathematische Begabungen nicht auf »wesentliche [...] Geschlechtsunterschiede bzgl. des mathematischen Fähigkeitspotenzials« (2009, S. 2) zurückzuführen sind. Vielmehr sind es Umweltfaktoren, die den Unterschied in der Begabungsentwicklung machen können. Hierbei hebt er besonders die Rolle der Eltern, aber auch der Freundinnen und Freunde sowie die Institutionen wie die Schule in ihrer Bedeutung hervor.

Am einfachsten zu beobachten ist mathematische Begabung sicherlich beim Problemlösen. Hier variieren die Herangehensweisen stark (Fuchs, 2006):

- Es gibt Kinder, die sich Problemen nähern, indem sie äußerst hartnäckig und ausdauernd probieren.
- Dann gibt es Kinder, die Lösungen blitzschnell intuitiv erahnen bzw. sich intuitiv an eine Lösung herantasten.
- Es gibt Kinder, die abwechselnd probieren und überlegen.
- Es gibt Kinder, die von Anfang an systemhaft vorgehen und konsequent nach einem Lösungsmuster suchen.
- Und es gibt Kinder, die je nach Situation verschiedene Vorgehensweisen anwenden.

Kinder hierbei zu beobachten ist äußerst spannend, da sich auch stark deren Persönlichkeit zeigt. Die einen sind eher forsch und gehen drauf los, die anderen sind eher zurückhaltend und introvertiert. Der Zugang mag jeweils ein anderer sein, aber dennoch sind diese Wege des Problemlösens gleichwertig nebeneinander zu sehen. Dieses Muster gilt natürlich nicht nur für Kinder, sondern auch für Jugendliche und Erwachsene. Wer eine mathematische Begabung erkennen möchte, muss in seinem pädagogischen Arbeiten entsprechende Angebote bereithalten. Dabei müssen es nicht die »normalen« Schulaufgaben sein, sondern oftmals sind es kniffelige Knobelfragen, mit denen Begeisterung für Mathematik geweckt werden kann bzw. mit denen die Kinder, Jugendlichen und Erwachsenen in ihren Begabungen herausgefordert werden können. Es geht also auch hier darum, Lernarchitekturen und (Frei-)Räume zu schaffen, in denen Personen ihre mathematisch-logische Begabungen zur Entfaltung bringen können.

6.2 Räume zur Entfaltung logisch-mathematischer Begabungen

Es gibt allerlei Möglichkeiten, um Menschen Freude an Tätigkeiten mit Zahlen zu ermöglichen. Zunächst einmal liegt der Alltagsbezug zum Einsatz mathematischer Begabung nahe: Steht ein gemeinsames Projekt, ein Ausflug oder ähnliches im Raum? Wunderbar, schon gibt es die Möglichkeit, systematisch Kostenkalkulationen und Planungen anzustellen. Wir denken dabei an Projekte wie zum Beispiel:

- Anlegen eines Gartens im Jugendzentrum. Hier braucht es nicht nur eine Kalkulation der Kosten für das Material, sondern auch im besten Fall eine exakte Zeichnung und Aufteilung der Pflanzparzellen dahingehend, welche Pflanze neben welcher stehen darf und wie viel Platz sie braucht.
- Kalkulation einer Tombola: Welcher Gewinn wird angestrebt? Wie viele Lose müssen dazu verkauft werden? Wie hoch darf der Wareneinsatz für die Preise maximal sein?
- Ausflug einer Gruppe: Wohin soll es gehen? Welche Kosten fallen für Fahrt, Eintritt und Verpflegung an?

Neben dem Alltagsbezug gibt es aber auch noch andere Wege, Mathematik in die Lebenswelt einzubeziehen. Gehören Sie zu den Menschen, die sich für Mathematik begeistern, oder zu denen, die Mathematik eher kalt lässt? Ist Ihnen bewusst, wie sehr mathematische Formeln und Harmonie und Schönheit zusammenhängen? Wer genau hinsieht, bemerkt, wie mathematisch unsere Umwelt ist. Wussten Sie, dass die Natur beispielsweise mathematischen Wachstumsgesetzen folgt? Dass Sonnenblume, Tannenzapfen und Ananas etwas gemeinsam haben? Diesen Pflanzen liegt ein Bauplan zugrunde, den die sogenannten Fibonacci-Zahlen beschreiben. Hier – etwas vereinfacht und plakativ – die Herleitung der Wachstumsfolge: Ein Mensch möchte herausfinden, wie viele Kaninchen es nach einem Jahr – ausgehend von einem einzelnen Kaninchenpaar – gibt und setzt dazu ein Paar Kaninchen in einen abgegrenzten Bereich. Das Kaninchenpaar gebärt nun nach einem Monat ein weiteres Paar, nun sind es also zwei Paare. Im dritten Monat sind es dann drei Kaninchenpaare, denn ein Kaninchen gebärt pro Monat und neu geborene Kaninchen sind nach einem Monat geschlechtsreif. Im vierten Monat haben wir dann fünf Paare. Und so weiter und so fort. Es ergibt sich eine unendliche Folge natürlicher Zahlen, die Fibonacci-Folge genannt wird (z. B. Walker, 2013). Die Folge lautet 0 – 1 – 1 – 2 – 3 – 5 – 8 – 13 – 21 – 34 …

Jede Zahl ist die Summe ihrer beiden Vorgänger. Fibonacci-Zahlen treten in der Natur erstaunlich häufig auf: Bei der Bildung von Seitentrieben; bei der Anzahl von Blättern und Blüten. Und nicht nur das: Wie faszinierend ist es, dass die Fibonacci-Folge in unmittelbaren Zusammenhang mit dem Goldenen Schnitt steht, welcher wiederum als ideales Prinzip ästhetischer Proportionierung gilt? Denn: Das Verhältnis zweier aufeinanderfolgender Fibonacci-Zahlen strebt mit den größer werdenden Zahlen immer genauer dem goldenen Schnitt zu. Sie sehen schon: Die Verfasserin dieses Absatzes empfindet große Faszination für Mathematik und das Potenzial für entdeckendes Lernen (trotz ihrer Liebe zur Mathematik scheitert sie übrigens an den einfachsten Kopfrechenaufgaben und daran, ihrem Mitautor die Schönheit der Mathematik zu vermitteln).

Haben Kinder und Jugendliche einmal Feuer für die Mathematik gefangen, sind sie einerseits häufig gar nicht mehr zu bremsen und andererseits vielleicht noch nicht in der Lage, sich eigenständig mathematische Aufgaben zu suchen. Sie brauchen also zusätzliches Futter. Im mathematischen Bereich gibt es dieses beispielsweise in Form von Knobelaufgaben zum Glück reichlich, zum Beispiel in gedruckter Form wie die im Projekt »Mathe für kleine Asse« entstandenen Knobelkalender (z. B. Käpnick & Fuchs, 2007). Knobelaufgaben können dann entweder vom Kind allein bearbeitet werden oder in regelmäßigen Treffen, zum Beispiel bei Knobel-Runden im Offenen Ganztag.

Für Liebhaberinnen und Liebhaber mit kreativen und mathematischen Interessen sind sogenannte Fermi-Aufgaben spannende Denkherausforderungen:
Wie viele Haare hat ein Hund? Wie viele Luftballons passen ins Wohnzimmer?

Diese Art Aufgaben sind nach dem Kernphysiker und Nobelpreisträger Enrico Fermi benannt. Sie erscheinen zu Beginn unlösbar und müssen mit Hilfe von Annahmen, Schätzungen, Vermutungen und anderen fuchsigen Ideen gelöst werden (Wälti, 2005). Fermi-Aufgaben können überall zum Einsatz kommen: auf langweiligen Autofahrten (z. B. Wie viele Autos stehen in einem 5km langen Stau?), in der Küche (z. B. Wie viele Kilogramm Spaghetti isst ein Mensch in seinem Leben?) oder bei einem Ausflug in die Stadt (z. B. Wie viele Menschen leben in diesem Hochhaus?) Das Spannende an Fermi-Aufgaben ist, dass es nicht die eine, exakte Lösung gibt und sich so der Blick auf die Mathematik weitet. Es zählt die Herangehensweise und die Annäherung.

Für Kinder und Jugendliche, die nach Leistung im Vergleich mit anderen Kindern und Jugendlichen streben, gibt es im Bereich der Mathematik zahlreiche Wettbewerbe. Je nach Alter und Fortschritt finden diese auf Landes- oder Bundesebene oder auch international statt. Es gibt beispielsweise die Wettbewerbe Mathe im Advent für die Klassenstufen 4–6 und 7–9, Matheon für Schülerinnen und

Schüler der Oberstufe, den Känguru-Wettbewerb für Schülerinnen und Schüler von Klasse 3 bis zum Abitur, den Bundeswettbewerb Mathematik ab der 8. Klasse, die Internationale Mathematik-Olympiade bis einschließlich 20 Jahre und vieles mehr. Die Webseite https://www.mathematik.de/schuelerwettbewerbe/ listet die Vielzahl an Wettbewerben im mathematischen Bereich.

Zum Abschluss dieses Kapitels möchten wir noch einmal kurz auf das Fallbeispiel Yuri aus *Der Asteroid ist noch das kleinste Problem* eingehen. Die Lesenden erfahren wenig über Yuris Weg vor der Ankunft in den USA und wenig darüber, wer genau zu welchem Zeitpunkt seine Begabung entdeckt hat. Deutlich wird aber, dass Yuri schon seit früher Kindheit vom Nobelpreis träumt: »Als er sechs war, hatte Yuri die Liste der Nobelpreisgewinner auswendig gelernt. Er hatte sie vor seiner Mutter heruntergerattert.« (S. 110). Die Rolle von Yuris Mutter wird nur an ganz wenigen Stellen thematisiert, sein Vater spielt überhaupt keine Rolle. Es scheint, dass Yuri aus eher einfachen finanziellen Verhältnissen kommt. Anstatt seiner Eltern wird vielmehr auf Yuris Mentor und Doktorvater Gregor Kryukov abgehoben. Hier besteht die enge Verbindung über den Gegenstand Mathematik zwischen den beiden Wissenschaftlern. Der Doktorvater erscheint tatsächlich wie eine Vaterfigur, der Yuris Begabungen in seiner Arbeitsgruppe systematisch gefördert zu haben scheint. Dass der Weg in diese Arbeitsgruppe ein komplizierter war, ist wahrscheinlich allen Lesenden deutlich. Herausgearbeitet wird dieser Zugang zur Universität und zur Wissenschaft allerdings nicht.

7

Visuell-räumliche Begabung

Ein weiterer Begabungsbereich ist die visuell-räumliche Begabung. Es ist die Fähigkeit, »mit abstraktem und bildhaftem Material umzugehen« (BMBF, 2015). Facetten dieser Begabung benötigen Berufsgruppen wie Architektinnen und Bildhauer, Ingenieure, aber auch Kartografinnen. Die Liste kann natürlich noch deutlich erweitert werden: Ein Basketballspieler oder eine Basketballspielerin muss in der Lage sein, Räume schnell zu erschließen, um beispielsweise einen Ball erfolgreich zu passen. Auch bei Handarbeiten wie Stricken, Häkeln oder Sticken bedarf es dieser Begabung, wenn es beispielsweise darum geht, Muster in Handarbeitsbüchern zu analysieren und umzusetzen (siehe auch Fallbeispiel Ben Fletcher, ▶ Kap. 8). Schachspielerinnen und Schachspieler benötigen ebenfalls sehr gute visuelle, räumliche Fähigkeiten, um Spielzüge zu planen und umzusetzen. Vielleicht kennen Sie die Netflix-Mini-Serie »Das Damengambit«, die im Jahr 2020 auf sehr große Resonanz gestoßen ist (S. Frank, 2020) und auch als Roman vielfach gelesen wurde (Tevis, 2021)? Hier werden die visuell-räumlichen Fähigkeiten der amerikanischen Schachspielerin Beth Harmon sehr eindrücklich dargestellt: Beth liegt nächtelang wach und imaginiert Schachpartien im Schattenspiel der Nacht an ihrer Zimmerdecke.

Fallbeispiel T. S. Spivet (Larsen, 2010)

Leseempfehlung
Larsen, R. (2010). *Die Karte meiner Träume*. Frankfurt am Main: Fischer Taschenbuch Verlag.

Unser Fallbeispiel für diesen Begabungsbereich ist aber T. S. Spivet. T. S. ist der zwölfjährige Protagonist des Romans *Die Karte meiner Träume* von Reif Larsen (2010). Er lebt mit seiner Familie irgendwo im Nirgendwo auf einer Ranch in Montana, USA, und scheint nicht wirklich dorthin zu passen. Er kann weder richtig schießen noch reiten noch in Blechnäpfe spucken. Was er aber kann, ist Ängste, Wünsche, Beobachtungen zeichnen:

> »Vielleicht sollte ich genauer sein. Wenn ich sage, dass [meine Schwester] Gracie und ich Maiskolben putzten, dann meine ich, dass Gracie Maiskolben putzte, und ich saß dabei und zeichnete in einem meiner kleinen blauen Spiral-Notizbücher ein Diagramm davon, genau *wie* sie Maiskolben putzte.
> Alle meine Notizbücher hatten ihre eigenen Farben, je nach dem, was ich darin festhielt. Die *blauen* Notizbücher, die säuberlich aufgereiht an der Südwand meines Zimmers standen, waren reserviert für ›Darstellungen von Leuten, die Dinge tun‹, im Gegensatz zu den *grünen* Notizbüchern an der Ostwand, die zoologische, geologische und topografische Darstellungen enthielten, und in den *roten* Notizbüchern an der Westwand, in denen ich die Anatomie von Insekten festhielt, für den Fall, dass meine Mutter, Dr. Clair Linneaker Spivet, jemals meine Dienste in Anspruch nahm.

> Einmal hatte ich versucht, auch an der Nordwand Bücher aufzustellen, doch in der Begeisterung, mit der ich Ordnung schuf, hatte ich vorübergehend vergessen, dass dies die Wand war, in der sich die Tür zu meinem Zimmer befand, und als Dr. Clair sie öffnete, um mir zu sagen, dass das Essen fertig war, fiel mir das Regal auf den Kopf.
> Da saß ich auf meinem Lewis-und-Clark-Teppich, bedeckt mit Notizbüchern und Regalbrettern. ›Bin ich tot?‹, fragte ich, aber ich wusste genau, dass sie mir nie geantwortet hätte, nicht einmal, wenn ich es wirklich gewesen wäre.
> ›Lass dich nie von deiner Arbeit in die Enge treiben‹, sagte Dr. Clair durch die Tür.« (Larsen, 2010, S. 3–4)

T. S.' Mutter, die er Dr. Clair nennt, ist eine auf Käferkunde spezialisierte Wissenschaftlerin, die sich seit 20 Jahren auf der Suche nach einem Käfer namens Tigermönch befindet, von dem nicht sicher geklärt ist, ob er wirklich existiert. Ihre vorher erfolgreiche Karriere als Wissenschaftlerin liegt seitdem auf Eis. T. S.' Vater ist äußerst wortkarg und hat eine Leidenschaft für »Cowboy-Krempel«. Sein jüngerer Bruder verstarb bei einem tragischen Unglück und seine Schwester interessiert sich als Teenager wenig für die Belange ihres jüngeren Bruders. T. S.' Geschichte nimmt Fahrt auf, als er einen Anruf vom Smithsonian Institut (eine amerikanische Forschungs- und Bildungseinrichtung mit Sitz in Washington, D. C.) erhält, das T. S.' Zeichnung eines Bombardierkäfers ausstellen will, an der er vier Monate lang gearbeitet hat. Seiner Familie verschweigt T. S. diesen Erfolg aus Rücksicht auf seine Mutter und gleichzeitig nimmt seine Karriere im Verborgenen seinen Lauf.

> »[Z]u Hause wusste niemand etwas davon und in Washington glaubten sie, ich sei promovierter Wissenschaftler. Mit [meinem Freund] Dr. Yorn als Kontaktmann lieferte ich bald Arbeiten nicht nur für das Smithonian, sondern auch für *Science, Scientific American, Discovery*, ja sogar für die *Sports Illustrated for Kids*.« (Larsen, 2010, S. 30)

T. S.' Geschichte fasziniert auf ganz verschiedenen Ebenen, sei es die Öde auf dem Land in Montana oder T. S.' Entschlossenheit, sich alleine auf seinen Weg zu machen. Besonders beeindruckt allerdings die Gestaltung des Buches an sich. Auf jeder einzelnen

Seite des Buches verweisen kleine Pfeile von der entsprechenden Textstelle an eine Stelle des großzügig gehaltenen Seitenrandes. Dort finden Leserinnen und Leser Ausschnitte aus T. S.' Notizbüchern, zum Beispiel seine allererste Karte mit einer Darstellung der heimischen Veranda (S. 9), Erkennungsmerkmale von Subspezies des Oregon-Sandlaufkäfers (S. 12) oder Interaktionsmuster am Abendbrottisch seiner Familie (S. 78).

7.1 Visuell-räumliche Begabungen erkennen

Es ist wie bei anderen Begabungsbereichen auch. Wer hier selbst ein Faible hat und visuell-räumliche Begabungen kennt, kann sie auch bei anderen Menschen wahrnehmen. Dabei können verschiedene Perspektiven und Fragen helfen, um einer solchen Begabung auf die Spur zu kommen:

- Begreift das Gegenüber beispielsweise schnell Muster, zum Beispiel in Anleitungen zum gemeinsamen Basteln oder Handarbeiten?
- Nutzt das Kind gerne Zeichnungen, um sich auszudrücken oder um Dinge festzuhalten und sich zu merken?
- Greift eine Jugendliche gezielt auf visuelle Muster zurück, zum Beispiel zur Erklärung von Sachverhalten?
- Zeichnet die Person an sich gern? Welche Darstellungsform wählt die Person, wenn zum Beispiel zwischen zeichnen, basteln, schreiben oder darstellen gewählt werden kann?
- Wie ist es bei Kindern oder Jugendlichen, die für etwas (Schulisches) lernen und sich Lernstoff zusammenfassen. Wählt er oder sie eine visuelle Darstellungsform, zum Beispiel in Form einer MindMap oder ConceptMap?

Dies alles können nahliegende Erkennungsmerkmale visuell-räumlicher Begabung sein.

Wir möchten Sie auch noch einmal auf die Perspektive der Raumwahrnehmung aufmerksam machen, wie sie zum Beispiel bei Ballsportarten zum Tragen kommen. Erfasst ein Kind schnell Entfernungen, Winkel oder Abspielmöglichkeiten? Denken Sie zudem einmal an Billard: Bei der Überlegung, wie der Queue, Ränder oder andere Billardkugeln verwendet werden können, um möglichst optimale Spielzüge zu vollziehen, bedarf es einer guten Raumwahrnehmung.

Während in unserem Fallbeispiel T. S. Spivet die räumlich-visuelle Begabung für die Leserinnen und Leser schnell offensichtlich gemacht wird, scheint seinen Eltern seine Begabung nicht sonderlich aufzufallen, obwohl er seine Zeit fast ausschließlich mit Zeichnen verbringt. Sein Vater konzentriert sich vor allem, so der Eindruck von T. S., auf seine mangelnden Fähigkeiten als Cowboy. Hier gibt es also wieder einen vermeintlichen Mangel, der überdurchschnittliche Begabungen überdeckt.

Seine Mutter fokussiert sich so sehr auf die eigene Forschungsarbeit, dass sie T. S.' Begabung gar nicht wahrzunehmen scheint. Es ist der Wissenschaftler Dr. Terrence Yorn, der T. S.' Begabung erkennt und protegiert. T. S. schreibt über ihn:

»Dr. Yorn war Professor für Entomologie an der Montana State in Bozeman und mein Mentor. Dr. Clair hatte uns beim Südwest-Montana-Käferpicknick miteinander bekannt gemacht. Bevor Dr. Yorn auftauchte, war das Picknick entsetzlich langweilig gewesen. Dann redeten wir, jeder mit einem vollen Teller Kartoffelsalat, drei Stunden lang über den Längengrad. Dr. Yorn war es auch gewesen, der mich (zugegebenermaßen hinter dem Rücken meiner Mutter) ermuntert hatte, meine Arbeiten bei *Science* und beim *Smithsonian* einzureichen. Ich nehme an, man könnte ihn in mancherlei Hinsicht meinen ›wissenschaftlichen Vater‹ nennen.« (Larsen, 2010, S. 12)

7.2 Räume zur Entfaltung visuell-räumlicher Begabungen

Es gibt viele Räume zur Entfaltung visuell-räumlicher Begabung, da sie sich in ihrer Art als Querlage in ganz verschiedene Bereiche einziehen lässt. Spezielle außerschulische Förderprogramme für genau diesen Bereich sind uns nicht bekannt, aber Sie können leicht Freiräume selbst öffnen, indem Sie beispielsweise Material zur Verfügung stellen, das die visuell-räumlichen Zugänge befördert: Seien es Duplo-, Lego- oder Kappla-Steine, Zeichenmaterialien oder Notizbücher, Bastelmaterialien wie Perlen für Bügelbilder oder Schmuck, Garne, Malutensilien und vieles mehr. Und natürlich gibt es viele außerschulische Angebote, die diesen Begabungsbereich (indirekt) adressieren: Mal- und Zeichenkurse, Bastelkurse. Auch Theater oder Filmprojekte verlangen einige visuell-räumliche Fähigkeiten, zum Beispiel bei der Gestaltung von Szenen- oder Bühnenbildern. Und wie ist es mit Ausstellungen und Präsentationen? Diese müssen ebenfalls gestaltet werden und benötigen vielleicht Werbematerialien wie Faltblätter. Ein weiterer Zugang, der sich zudem mit mathematischen Aspekten verbinden lässt, ist das Programmieren und Gestalten von Internetseiten.

Und T. S. Spivet? Dieser entfaltet seine Begabung zunächst für sich selbst, indem er Notizbuch um Notizbuch mit seinen Zeichnungen füllt. Mit Dr. Yorns Hilfe öffnet er sich ein weiteres Feld, das der wissenschaftlichen Gemeinschaft. Er wird quasi über Nacht zu einem öffentlich wahrgenommenen Experten. Die Arbeit und die Entwicklung von den Anfängen seines Zeichnens als Novize hin zum Experten bleiben für die Außenstehenden dabei aber verborgen. In der pädagogischen Arbeit sind es aber oft auch genau diese Aspekte, die besonders wichtig sind: Wie lassen sich Begabungen in diesem Bereich erkennen und sinnvoll fördern? Welche Möglichkeiten bietet der eigene Handlungsrahmen hier, um Begabungen angemessen fördern zu können?

Fallbeispiel John Franklin (Nadolny, 2004)

> **Leseempfehlung**
> Nadolny, S. (2004). *Die Entdeckung der Langsamkeit.* Roman (37. Aufl.). München: Piper.

Zum Abschluss dieses Begabungsbereichs möchten wir Ihnen noch eine zweite Leseempfehlung geben, die sich jedoch eher an jugendliche und erwachsene Leserinnen und Leser richtet: Sten Nadolnys »Entdeckung der Langsamkeit« (Nadolny, 1998). Im Zentrum des Romans steht zunächst John Franklin:

> »John Franklin war schon zehn Jahre alt und noch immer so langsam, daß er keinen Ball fangen konnte. Er hielt für die anderen die Schnur. Vom tiefsten Ast des Baums reichte sie herüber bis in seine emporgestreckte Hand. [...] Als Schnurhalter war er geeignet wie kein anderes Kind in Spilsby oder sogar in Lincolnshire.« (S. 9)

John Franklin wirkt so langsam, dass er als Außenseiter verspottet wird. Er fährt – seiner Langsamkeit zum Trotz – zur See. Auch hier wird er verspottet, aber indem er seine Langsamkeit durch Gründlichkeit ausgleicht, erarbeitet er sich nach und nach Ansehen und Respekt in der Gruppe.

> »Er merkte sich auch alle Fragen, die bisher unbeantwortet waren. [...] Ganze Flotten von Wörtern hatte er auswendig gelernt und Batterien von Antworten, um sich zu rüsten. Beim Sagen wie beim Tun mußte er auf alles, was kam, schon vorbereitet sein. Wenn er erst kapieren mußte – das ging zu langsam. [...] Ein Schiff, vom Meer begrenzt, war lernbar. Zwar konnte er nicht sehr schnell laufen. [...] Aber er hatte sich alle Wege gemerkt, sogar aufgezeichnet und jede Nach repetiert, die ganzen zwei Wochen über. [...] ›Sie müssen sich das so vorstellen‹, hatte er vor drei Tagen mühsam zum fünften Leutnant gesagt, der ihm, Folge einer gehörigen Rumration, sogar zuhörte, ›jeder Schiffsrumpf hat eine ihm eigene Höchstgeschwindigkeit, die er nie überschreitet, was immer Sie takeln, bei jedem Wind. So ist das auch mit mir.‹« (S. 57–58)

Spätestens hier wird John Franklins mehrfache Außergewöhnlichkeit deutlich. Er wirkt für andere sehr langsam, hat jedoch herausragende Merkfähigkeiten, ist sehr genau und zeigt vor allem besondere Stärken im visuell-räumlichen Bereich: So stellt er extrem präzise Berechnungen zur Navigation an.[6]

---

6 Dieses Buch wurde mir von einer Mutter empfohlen, die mit ihrem Sohn bei mir zur Beratung am Internationale Centrum für Begabungsforschung in Münster kam. Jahrelang habe sich die Mutter über die Langsamkeit ihres Sohnes geärgert. Erst nachdem sie »Die Entdeckung der Langsamkeit« gelesen habe, so sagte sie, könne sie endlich verstehen, was im Kopf ihres Sohnes vorzugehen scheine. Herzlichen Dank für diese Anregung. (Anne Vohrmann)

8

Körperlich-kinästhetische Begabung

Körperlich-kinästhetische Begabungen sind dann gegeben, wenn Personen über eine außergewöhnliche Beherrschung, Koordination und Kontrolle des Körpers oder einzelner Körperteile verfügen. Gemeint sind motorische Fähigkeiten insgesamt, aber auch der Umgang mit Geräten, Gegenständen und Werkzeugen. Berufsgruppen, die von diesem Begabungsbereich profitieren, sind zum Beispiel Schauspielerinnen, Sportler, Tänzerinnen, aber auch Zahnärzte oder etwa Schreinerinnen.

Hier fallen Ihnen sicherlich viele verschiedene Beispiele von körperlich-kinästhetisch begabten Personen ein. Gerade herausragende Sportlerinnen und Sportler, etwa aus Fußball, American Football oder Basketball, bekommen auch eine hohe Aufmerksamkeit in den klassischen und sozialen Medien. Hier wird vielfach Kult um einzelne herausragende Personen betrieben, der lebenslang vorhält (etwa der 2021 verstorbene Fußballer Gerd Müller, aktuell die Spitzenfußballer Christiano Ronaldo und Lionel Messi, die am Ende ihrer fußballerischen Karriere stehen). Hier geht es nicht nur um Ruhm und Anerkennung, sondern auch um sehr viel Geld.

Während wir an diesem Buch arbeiten, finden die Olympischen Spiele in Tokio statt: 2021 statt 2020 aufgrund der Corona-Pandemie zu anderen Bedingungen. Klammert man diese Hintergrundgeräusche aus, die eine hohe gesellschaftliche Sprengkraft haben, ist es doch offensichtlich, dass für die dort stattfindenden Wettkämpfe viel Begeisterung zu spüren ist. Vermutlich finden die Olympischen Spiele auch deshalb so viel Anklang, weil hier auch Nischendisziplinen vertreten sind, die ansonsten nicht unbedingt viel Aufmerksamkeit in der Öffentlichkeit erhalten. 2021 sind unter anderem Surfen, Sportklettern und Skateboarden in den Katalog der Disziplinen aufgenommen worden – spannende Bereiche zur Entfaltung sportlicher Begabung, von denen beispielsweise das Skateboarden einen niederschwelligen Einstieg bietet und von vielen Kindern, Jugendlichen und Erwachsenen auch als Freizeitsport betrieben wird. Hier gibt es viele Identitätsstifterinnen und -stifter, so etwa die vierzehnjährige Lilly Stoephasius, die als jüngste deutsche Olympionikin Neunte beim Skateboarden wurde, oder auch den Geher Jonathan Hilbert, der im 50-Kilometer-Gehen Silber holte (in einer Zeit von gut drei Stunden und 50 Minuten). Sportlerinnen und Sportler gehen bei Olympia an ihre physischen und psychischen Grenzen und erreichen mit ihren Leistungen ein breites Publikum, das mitfiebert. Sie können eine reale Inspiration sein für die eigene Sportlichkeit, für den Spaß am Sport, aber auch für das Überwinden des »inneren Schweinehunds«.

Der körperlich-kinästhetische Bereich hat also viel mit Sport zu tun. Hier gibt es eine ganz eigene Welt der Begabungs- und Talentförderung, mit professionellen Trainings, Auswahlverfahren, Spezialschulen und vielem mehr. Auch wenn es wichtig ist bzw. sein kann, diese Fördermöglichkeiten zu kennen, können wir diesen Exzellenzbereich nur streifen. Stattdessen wollen wir uns an dieser Stelle darauf konzentrieren, wie im pädagogischen Feld körperlich-kinästhetische Talente im Alltag entdeckt und gefördert werden können. Wer die Aspekte zur Talentförderung im Sport weiter kennenlernen will, dem sei der einführende Beitrag von Arne Güllich (2013) empfohlen.

Diesen Begabungsbereich möchten wir Ihnen mit zwei Fallbeispiele erschließen. Zunächst stellen wir Ihnen mit Blick auf den Sport *Das absolut wahre Tagebuch eines Teilzeit-Indianers* vor, mit dem wir auch noch einen Ausblick zum Thema soziale Benachteiligung und Rassismus wagen, und dann im Weiteren den Strick-Champion Ben Fletcher.

Fallbeispiel Arnold Spirit (Alexie, 2017)

> **Leseempfehlung**
> Alexie, S. (2017). *Das absolut wahre Tagebuch eines Teilzeit-Indianers*. Roman (dtv pocket, 9. Aufl.). München: dtv.

Arnold Spirit, genannt Junior, wächst in einem Reservat der Spokane-Indianer in Amerika auf. Er kommt mit zu viel Gehirnflüssigkeit auf die Welt, muss operiert werden und die Ärzte sagen einen bleibenden, schweren Gehirnschaden voraus (Alexie, 2017, S. 8). Glücklicherweise erweist sich diese Diagnose als falsch. Aber Arnold lispelt, stottert, trägt eine große Brille und wird gehänselt und verprügelt. Er wird Orbit oder Globus genannt, da sein Kopf so groß ist (Alexie, 2017, S. 9), er ist eine Bohnenstange mit riesigem Kopf und Schuhgröße 45 – in der dritten Klasse. All das macht ihn zu einer Zielscheibe für Hohn und Spott seiner Mitschülerinnen und Mitschüler. Und trotz allem ist Arnold ein guter, leistungsstarker Schüler.

Auch mit 14 Jahren gehört er zu den Ausgegrenzten: »[M]it deinem Gestotter und Gelispel [gehörst du] zu den geistig Zurückgebliebenen.« (Alexie, 2017, S. 10) Er zieht sich zurück, liest und zeichnet und versucht, so wenig Kontakt ›nach draußen‹ wie möglich zu haben.

Es ist ein trostloses Bild, welches der Autor Sherman Alexie hier zeichnet: Ausgrenzung und Rassismus, körperliche und seelische Gewalt, Alkoholmissbrauch und Glückspielsucht sind omnipräsent. Arnolds Vater ist ein unzuverlässiger Säufer, seine Großmutter wird von einem betrunkenen Autofahrer getötet, seine Schwester verbrennt betrunken in einem Wohnwagen. Das Schicksal ist kein Freund des Jungen.

Geschrieben aus der Sicht von Arnold mit viel bissigem Humor und illustriert durch Comicstrips ist dieser Roman aber nicht niederschmetternd, sondern erzählt die Geschichte einer fabulösen Entwicklungsgeschichte. Trotz (oder aufgrund?) dieser mannigfaltigen Bitterkeit ist Arnolds Geschichte eine, die die Entfaltung einer Begabung auf eine wunderbare Art und Weise beschreibt und uns deutlich werden lässt, wie viel schwerer Kinder und Jugendliche aus benachteiligten Lagen es haben, wenn es darum geht, die eigenen Fähigkeiten und Potenziale zu entwickeln – und dass sie es trotzdem schaffen können, sich und ihre Begabung zu verwirklichen.

Mit 14 Jahren beschließt Arnold, als Erster seines Stammes auf eine *weiße* Highschool außerhalb des Reservats zu gehen. Er ist hier der einzige Spokake-Indianer. Zur Schule muss er lange zu Fuß laufen, denn das Geld für Benzin reicht oft nicht oder der Vater ist zu betrunken, um ihn zur Schule zu fahren. Die Ausgrenzung, die sein Stamm erfährt, erlebt Arnold am eigenen Leib. Hier werden, wie mit dem Beispiel des schwierigen Zugangs zur Schule, also auch strukturelle Fragen angesprochen, die viel mit amerikanischem Rassismus und Ausgrenzungsmechanismen zu tun haben, die sich aber auch für deutschsprachige Verhältnisse diskutieren und darauf übertragen lassen. Dies lässt sich beispielsweise an den Möglichkeiten erkennen, wann geflüchtete Kinder und Jugendliche, die neu nach Deutschland kommen, eine Schule besuchen können, was sich von Bundesland zu Bundesland unterscheidet. Während deutsche Kinder quasi automatisch in die Schule gehen und der Schulpflicht unterliegen, gelten diese Regeln für geflüchtete Kinder nicht unbedingt, sondern sind an Bedingungen wie den Aufenthaltsstatus gebunden. Hier gibt es eine Diskrepanz, die einzig und allein rechtlichen Rahmenbedingungen zuzuschreiben ist.

Arnolds Entscheidung für die neue Schule ist folgenreich: Er entdeckt seine Begabung zu zeichnen, die sich im Roman vorab schon durch die Comicstrips angedeutet hat. Er wird Basketball-Star in der Schulmannschaft, verliebt sich und muss sich irgendwann auch seinen früheren Freunden aus dem Reservat stellen, als die beiden Schulen in der Liga aufeinandertreffen. Und dennoch plagen ihn Zweifel. Er hat das Gefühl, seine Leute verlassen und im Stich gelassen zu haben. Arnold steht zwischen zwei Welten und ist doch nirgends so richtig zuhause.

> »Ich kann dir gar nicht sagen, woher ich jeden Morgen die Kraft zum Aufstehen nahm. Und doch stand ich jeden Morgen auf und ging zur Schule.
> Halt, nein, so ganz stimmt das nicht.
> Ich war so deprimiert, dass ich daran dachte, Reardan [die weiße Highschool] hinzuschmeißen. Ich überlegte, ob ich wieder in Wellpinit [die Schule im Reservat] zur Schule gehen sollte.
> Ich gab mir die Schuld an den Todesfällen (meiner Schwester und meiner Großmutter).
> Ich hatte einen Fluch über meine Familie gebracht. Ich hatte den Stamm verlassen und damit in uns allen etwas kaputt gemacht, und jetzt wurde ich dafür bestraft.
> Nein, meine Familie wurde dafür bestraft.
> Ich selbst war gesund und munter.« (Alexie, 2017, S. 200)

Arnold will aufgeben und schafft es längere Zeit nicht, in die Schule zu gehen. Als er eines Tages zurückkommt und von seiner Lehrerin zu Rede gestellt wird, erfährt er plötzlich einen Rückhalt seiner Mitschülerinnen und Mitschüler, den er noch nie zuvor erleben durfte. Als seine Mitschülerinnen und Mitschüler aufstehen und den Raum verlassen, muss Arnold lachen.

> »›Was gibt's da zu lachen?‹, fragte Mrs Jeremy.
> ›Früher dachte ich immer, die Welt ist in lauter Stämme aufgeteilt‹, antwortete ich. ›In Schwarz und Weiß. In Indianer und Weiße. Aber mir ist aufgegangen, dass das nicht stimmt. Es gibt überhaupt nur zwei Stämme: Arschlöcher und Nicht-Arschlöcher.‹« (Alexie, 2017, S. 203)

Spätestens hier merken Sie als aufmerksame Leserin oder aufmerksamer Leser, dass wir uns recht weit vom Thema der körperlich-kinästhetischen Begabung entfernt haben. Mit Arnold lassen sich diskriminierende und marginalisierende Strukturen im Bildungssystem und in der Gesellschaft nachzeichnen, aber auch, wie Sie sehen werden, Facetten körperlich-kinästhetischer Begabung beschreiben.

An Arnolds Beispiel wird deutlich, wie verschiedene Umweltfaktoren die Begabungsentwicklung positiv oder negativ beeinflussen. Eindringlich beschreibt dies folgende Szene: Eines Tages steht ein Basketballspiel an, bei dem die Gewinn-Chancen für Arnolds Mannschaft schlecht stehen. Seine weiße Highschool tritt gegen seine alte Reservatsschule an. In der Gegenmannschaft spielt Rowdy, ein gewaltbereiter Junge aus Arnolds Reservat. Früher waren Rowdy und Arnold gute Freunde, aber seit Arnold die Grenzen des Reservats Stück für Stück verlässt, kommt es zu schmerzhaften Auseinandersetzungen. Kurz vor Spielbeginn stellt der Trainer seinen Plan für das Spiel vor, in dem Arnold als Geheimwaffe eingesetzt werden soll.

> »›Meinen Sie mich?‹, fragte ich.
> ›Genau dich, du spielst heute in der ersten Fünf.‹
> ›Im Ernst?‹
> ›Im Ernst. Und du deckst Rowdy. Das ganze Spiel über. Er ist dein Mann. Du musst ihn bremsen. Wenn du ihn ausschaltest, gewinnen wir dieses Spiel. Es ist unsere einzige Chance.‹« (Alexie, 2017, S. 217)

Aber Arnold traut sich nicht zu, als Geheimwaffe zu funktionieren.

> »Ich war total baff. Unser Trainer wollte, dass ich Rowdy decke. Ich war zwar ein großartiger Werfer, aber kein großartiger Verteidiger. Überhaupt nicht. Es war ganz ausgeschlossen, dass ich Rowdy aufhielt. Wenn ich einen Baseballschläger und eine Planierraupe dabeigehabt hätte, dann vielleicht. Aber ohne schlagkräftige Hilfsmittel – ohne Pistole, ohne blutrünstige Löwen, ohne ein Reagenzglas voller Beulenpest – hatte ich null Chancen im direkten Kräftemessen mit Rowdy. Wenn ich Rowdy deckte, würde er alleine mindestens siebzig Punkte machen.
> ›Äh, Trainer‹, sagte ich, ›ich fühle mich sehr geehrt, echt, aber ich glaube nicht, dass ich das hinkriege.‹« (Alexie, 2017, S. 217–218)

Und dann geschieht etwas, was für Arnold eine sehr große Bedeutung haben wird:

> »Der Trainer kam zu mir rüber, kniete sich hin und legte seine Stirn an meine. Unsere Augen waren ungefähr zwei Zentimeter voneinander entfernt. Sein Atem roch nach Zigaretten und Schokolade.
> ›Du schaffst es‹, sagte er zuverlässig. [...]
> ›Ich schaffe es?‹
> ›Du schaffst es!‹
> ›Ich schaffe es!‹
> Kannst du dir vorstellen, wie irre es ist, so etwas von einem Erwachsenen zu hören? Kannst du dir vorstellen, wie erstaunlich es ist, es überhaupt von irgendwem zu hören? Es ist einer der einfachsten Sätze auf der Welt, nur drei Wörter, aber wenn man sie aneinanderreiht, sind es die drei wichtigsten Wörter, die es gibt.
> Du schaffst es!
> Ich schaffe es!« (Alexie, 2017, S. 218–219)

In dieser Szene platzt für Arnold der Knoten und im Spiel erfüllt er den Auftrag seines Trainers. Danach wird er immer besser im Basketball und bekommt die Aussicht auf ein Stipendium. Hieran sind dann, gerade in den USA, auch bessere Bildungschancen geknüpft. Das Wechselspiel der Beziehungen ist dabei für Arnold ganz entscheidend: Dadurch, dass der Trainer an ihn glaubt, kann Junior an seinen Aufgaben wachsen, er kann sein Leben selbst in die Hand nehmen, da er Unterstützung erfährt, die zuvor strukturell nicht gegeben war.

Fallbeispiel Ben Fletcher (Easton, 2015)

> **Leseempfehlung**
> Easton, T. S. (2016). *Ben Fletchers total geniale Maschen. Verstrickungen eines Teenagers.* Weinheim: Gulliver.

Im zweiten Fallbeispiel für diesen Begabungsbereich haben wir es ebenfalls mit einer massiven Form von Widerstand zu tun. Es geht um Zuschreibungen an die Geschlechter: Wer darf eigentlich was? Und was passiert, wenn man diese gesellschaftlichen Grenzen überschreitet? Deshalb möchten wir Ihnen Ben Fletchter vorstellen.

Ben Fletcher ist der Protagonist des Romans *Ben Fletchers total geniale Maschen – Verstrickungen eines Teenagers* von Tom Easton (2015). Bens Freunde, die ihn »Penner« nennen, wollen auf eine Party und hierfür Alkohol organisieren. Da sie diesen nicht kaufen können (sie sind zu jung), wollen sie ihn stehlen und Ben soll deshalb im Laden den Verkäufer ablenken. Der Diebstahl misslingt und auf der Flucht vor einer Polizistin fährt Ben eine alte Frau mit dem Fahrrad über den Haufen. Während seine Freunde das Weite suchen, bleibt Ben bei der Frau, um ihr zu helfen – und wird so von der Polizistin gestellt. Ben wird zu einer Bewährungsstrafe verurteilt und muss einerseits der alten Dame im Haushalt helfen, andererseits aber sein Sozialleben auffrischen und eine Arbeitsgemeinschaft besuchen. Die Bewährungshelferin verspricht sich davon, dass Ben eigene Interessen entwickelt und weniger gleichgültig wird. Dokumentieren muss Ben seine Erfahrungen in einem Tagebuch. Dieses Tagebuch ist, in weiten Teilen, auch der Kern des Buches, den wir Lesenden zu sehen bekommen.

Die Auswahlmöglichkeiten an Arbeitsgemeinschaften sind für Ben nicht gerade vielversprechend: Sein Vater bietet einen Kurs zum Autos reparieren an, weitere Möglichkeiten sind ein Einsteigerkurs in Microsoft Office, Stricken oder Töpfern. Über ein Ausschlussverfahren kommt Ben schließlich zum Stricken. Sein Vater findet das »schwul« und ziemlich unmännlich (S. 43) und Ben entschließt sich, seine Kurswahl zuhause zu verheimlichen. Hier prallen Geschlechterstereotype in voller Wucht aufeinander.

Ben entpuppt sich als sehr geschickter Stricker. Er beginnt, sich für das Stricken zu begeistern, und kommt schnell zu ansehnlichen Ergebnissen.

> »Ich stellte fest, dass Stricken im Grunde wie Mathe ist. Geometrie. Wenn man einmal die Funktion der Nadel begriffen hatte, musste man nur die Geometrie des Objekts im Kopf behalten, während man die nötigen Wie-

derholungen ausführte« (S. 64). (An dieser Stelle wird zusätzlich die visuell-räumliche Komponente des Strickens deutlich.)

Nach außen zeigen möchte Ben diese Erfolge aber nicht; das alles erscheint ihm doch sehr peinlich. Aber er kommt immer mehr ins Thema: Er lernt viel über das Stricken, liest Zeitschriften und experimentiert. Immer wieder drohen seine Versteckspiele aufzufliegen. Wenn einzelne von seinem neuen Hobby erfahren, reagieren sie aber positiv und stützen Bens Entscheidung.

Ben wird so gut, dass seine Stricklehrerin ihn animiert, sich für einen Wettbewerb anzumelden.

> »›Meisterschaften? Meinen Sie das ernst?‹, fragte ich. ›Ich hab doch gerade erst angefangen.‹ ›Ben, diese Muster, die du da entworfen hast, sind wirklich beeindruckend. Deine Technik ist brillant. Du musst auch nichts Kompliziertes stricken, in der Juniorklasse werden nur die Grundlagenmuster verlangt. Es geht um Technik, Tempo und die Kreativität beim Entwerfen von Mustern‹« (S. 104f.).

Diese Meisterschaft ist ein Schritt an die Öffentlichkeit, der Ben sehr schwerfällt. Aber letztendlich steht er zu seiner Leidenschaft:

> »›Aber Stricken bedeutet mir viel. Es ist ein kreatives Ventil, eine mentale Herausforderung. Ich kann ganz allein für mich stricken und mich in der Arbeit, in dem Muster verlieren. Oder ich kann mit Freunden stricken und reden und so die Welt geraderücken. [...] Man macht etwas mit den bloßen Händen, mit Geschick und Kreativität. Stricken bräuchte bloß ein bisschen bessere PR‹, dozierte ich.« (S. 287)

Wie bei Arnold, dem Teilzeit-Indianer, sind die Rahmenbedingungen für Ben nicht günstig – wenn auch nicht so schlecht wie bei Arnold. Bens Vater und auch seine Freunde verkörpern ein Männlichkeitsbild, das gekennzeichnet ist von tradierten Mustern, von Stärke und Sexismus. Für Ben, der mitten in der Pubertät steckt, wirken diese Gegenentwürfe bedrohlich. Er fühlt sich schwach, er will sich verstecken. Durch die Auseinandersetzung mit dem eigenen Können entwickelt sich aber ein grundständiges Selbstvertrauen, mit dem Ben es schafft, einen eigenen und eher ungewöhnlichen Weg zu gehen.

8.1 Körperlich-kinästhetische Begabungen erkennen

 Körperlich-kinästhetische Begabung umfasst viele verschiedene Teilbereiche, die auf den ersten Blick vielleicht gar nicht so viel miteinander zu tun haben. Auf der einen Seite haben wir die sportlichen Aspekte, wie bei Teilzeit-Indianer Arnold, auf der anderen Seite geht es um Begabungen, die sich im erweiterten Feld des körperlichen Geschicks abspielen. Stricken, wie bei Ben, oder andere Handarbeiten sind hier ebenso einzubeziehen wie handwerkliche Tätigkeiten, bei denen es um Genauigkeit geht. Die Nähe zu anderen Begabungsbereichen (etwa visuell-räumlich) ist dabei nicht von der Hand zu weisen.

Je nachdem, in welchem pädagogischen Feld wir arbeiten, ergeben sich ganz unterschiedliche Möglichkeiten, um körperlich-kinästhetische Begabungen erkennen zu können. Im Sportverein etwa erscheint es recht leicht: Wenn ein Mädchen zum Tanzen kommt und schnell Schritte umsetzen kann, über eine gute Körperkontrolle verfügt und Taktgefühl besitzt, wird sie schnell als talentierte Tänzerin entdeckt. Dies gilt gerade auch für Trainerinnen, die wahrscheinlich selbst gut tanzen können und ein Auge haben, wie man so schön sagt, für neue Talente.

Allerdings gibt es auch hier einige Sollbruchstellen. Erstens stellt sich die Frage, wie das Mädchen überhaupt zum Tanzen kommt. Wahrscheinlich sind es Eltern im Hintergrund, die ihrer Tochter dieses Sporterlebnis ermöglichen wollen, die das Interesse für Tanzen erkennen oder vermuten und die in der Lage und bereit sind, die Mitgliedsbeiträge für den Tanzverein zu zahlen. Zweitens stellt sich die Frage, wie das Mädchen selbst darauf kommt, dass ihr Tanzen im Verein Spaß machen könnte. Vielleicht gibt es Vorbilder in der Familie, bei den Freundinnen und Freunden oder aber auch in den Medien. Und drittens kann man sich die Frage stellen, warum es hier eine weibliche Figur ist. Mit Ben Fletcher haben wir das Problem der Geschlechtszuschreibungen schon kennengelernt. Im folgenden Exkurs wollen wir dies anhand von zwei Filmbeispielen noch einmal vertiefen: einerseits mit Billy Elliot und andererseits mit der Fußballerin Jess.

Exkurs: Filmbeispiele
Der Kniff, mit Geschlechterstereotypen zu spielen und diese gegen alle gesellschaftlichen Widerstände aufzulösen, findet sich auch in zwei eindrücklichen englischen Spielfilmen. In »Billy Elliot – I Will Dance« (2000) steht Elliots Familie mitten in den gesellschaftlichen und vor allem ökonomischen Umbrüchen der Bergarbeiterstreiks Mitte der 1980er Jahre. Billys Vater und Bruder arbeiten im Bergwerk, das geschlossen werden soll, seine Mutter ist verstorben, die tüttelige Oma wohnt mit im Haus. Der elfjährige Billy ist schmächtig, aber sein Vater will, dass er boxt. Eher durch Zufall nimmt Billy am Ballettunterricht teil, statt zum Boxen zu gehen, und entdeckt seine Leidenschaft fürs Tanzen. Der Unterricht muss aber geheim bleiben – denn Ballett ist unmännlich und Tanzende gelten als homosexuell. Natürlich fliegt Billy auf und muss sich, trotz seiner misslichen Lage, gegen die gesellschaftlichen Zwänge und Widerstände durchsetzen, um sein Tanztalent entfalten zu können. Die Tanzlehrerin und auch seine Oma helfen Billy dabei, dieses Ziel zu erreichen.

Das zweite Beispiel ist »Kick it like Beckham« (2002), in dem die indischstämmige Jess gegen den Willen ihrer Eltern Fußball spielt und schnell zur Leistungsträgerin in ihrem Team wird. Statt sich um traditionelle Familiengepflogenheiten zu kümmern, entwickelt Jess eine Liebe für das Fußballspielen und gerät damit in schwere Konflikte mit ihren Eltern. Wie Billy wird Jess aufgrund ihrer anscheinend untypischen Begeisterung für homosexuell gehalten. Hier ist es ein Zusammenspiel zwischen verschiedenen Freundinnen und Freunden, aber auch Familienmitgliedern, mit denen sich Jess das Recht auf das Fußballspielen erstreitet.

> Beide Filme sind inspirierend, weil sie sich auf humorvolle und kritische Weise mit Rollenerwartungen und Rollenmustern beschäftigen. Sie bieten viel Raum, um das eigene Verständnis zu hinterfragen, wobei gerade auch Fragen der sexuellen Orientierung im Raum stehen, die auch in aktuellen Debatten um Orientierung und Geschlechtsidentität von besonderer Relevanz erscheinen, etwa wenn es um Trans-Personen geht. Beide Filme ermutigen die Rezipientinnen und Rezipienten dazu, das eigene Schicksal in die Hand zu nehmen und auch gegen Widerstände zu arbeiten. Sie sind getragen von einer höchst individualistischen Entwicklungsidee, ohne aber soziale Zugehörigkeiten generell in Frage zu stellen.

Das Erkennen von Begabung erfordert also ein großes Maß an Reflexion der Erwachsenen. Um entsprechende körperlich-kinästhetische Begabungen feststellen zu können, folgen hier einige konkrete Anregungen für die eigene pädagogische Praxis:

- Zeigt mein Gegenüber ein Interesse an sportlichen Angeboten? Berichtet mir mein Gegenüber begeistert von Sportveranstaltungen oder Übertragungen aus dem Fernsehen?
- Ist das Kind in der Lage, neue komplexe körperliche Handlungen schnell und sicher umzusetzen?
- Interessiert sich der Jugendliche für Bastel- oder Werkangebote?
- Nehme ich bei der Erwachsenen ein gutes Körpergefühl wahr?
- Gibt es Interesse daran, sich selbst auszudrücken, etwa durch das Schauspielern oder auch Tanzen?

8.2 Räume zur Entfaltung körperlich kinästhetischer Begabungen

Manchmal sind es auch die kleinen Angebote, mit denen man Kinder, Jugendliche und Erwachsene locken kann. Haben Sie sich beispielsweise schon einmal an unterschiedlichen Knoten, wie sie etwa für das Segeln gebraucht werden, versucht? Hier kommen viele Dinge zusammen: Räumliches Vorstellungsvermögen, aber eben auch händisches Geschick sind gefragt, wenn komplizierte Seemannsknoten geknüpft werden sollen. Ähnliches gilt für die Erstellung von Stopptrick-Filmen, einige Zaubertricks oder Knobelaufgaben, die neben kognitiven Fähigkeiten auch körperliche Kontrolle in Form von Fingerspitzengefühl verlangen.

Wenn es darum gehen soll, Begabungen im körperlich-kinästhetischen Bereich zu fördern, kann es auch erfolgsversprechend sein, unterschiedliche und ungewöhnliche Sportangebote zu machen. Neben den Klassikern wie Fußball gibt es auch ungewöhnliche Sportarten, für die sich Kinder oder Jugendliche begeistern lassen. Skateboard- oder Inlineskate-Fahren sind voraussetzungsvoll, da es vergleichsweise teure Sportgeräte bedarf. Über Parcours können aber beispielsweise Klettermöglichkeiten aufgebaut werden oder aber mit selbstgemachten Hackisacks Kunststücke eintrainiert werden. Das Gleiche gilt für die Jonglage.

Wie beim Sport gibt es auch für die Bereiche Schauspiel und Tanz ganz eigene Räume zur Begabungsentfaltung. Sowohl schulisch als auch außerschulisch, zum Beispiel in Jugendzentren oder bei Freizeitfahrten, werden Begabungen aus diesem Bereich gefunden und gefördert, wenn Theater- oder Tanzstücke erarbeitet und vorgetragen werden. Die Frage ist immer, welche Möglichkeiten das eigene Arbeitsfeld bieten kann:

- Welche Angebote (Sport, Handwerken, Handarbeit, ...) kann ich in meinem pädagogischen Tätigkeitsfeld machen, die Kinder, Jugendliche oder Erwachsene noch nicht kennengelernt haben?

- Kann ich Anregungen geben, die sich gezielt gegen tradierte Muster wenden? Kann ich beispielsweise Handarbeitskurse nur für Jungen anbieten und so einen Rahmen schaffen, in dem sich die Teilnehmenden ungehemmt ausprobieren können?

9

Musikalische Begabung

Musikalische Begabung hat so viele Facetten, wie es Genres und Teilbereiche in der Musik gibt: Sie kann sich in einer Empfänglichkeit für Klänge und Rhythmen, durch das Spielen eines Instruments oder mehrerer Instrumente, durch Singen, durch Komponieren, durch Texten, durch ein In-Beziehung-Treten mit anderen Menschen und vieles mehr äußern. Allerdings lässt sich musikalische Begabung weder direkt beobachten noch messen, sie ist ein theoretisches Konstrukt (Arbeitsgruppe »Musikalische Begabung«, 2014).

An wen denken Sie bei einer musikalisch begabten Person? An Anne-Sophie Mutter? Igor Levit? Tina Turner? Wolfgang Amadeus Mozart? Clara Schumann? Die Beatles? Die Spice Girls? Bob Dylan? Lady Gaga? Joe Strummer? Avicii? David Guetta? Pharell Williams?

Auch, oder gerade im musikalischen Bereich gibt es wiederum ganz unterschiedliche Facetten der Begabungsausprägung und es scheint unmöglich, eine nur annähernd passende Liste mit musikalisch begabten Personen zu erstellen (und wir schauen hier sogar nur durch die europazentrierte Brille). Wir laden Sie an dieser Stelle ein, den Blick auf musikalische Talente zu weiten: Vom Bereich der Klassik über Pop- und Tanzmusik und weit darüber hinaus ist sicherlich alles dabei.

Eine einheitliche und allgemein gültige Definition musikalischer Begabung existiert nicht. Die Arbeitsgruppe »Musikalische Begabung« unter Leitung von Prof. Dr. Heiner Gembris definiert musikalische Begabung als

> »individuelles Potenzial, Musik zu erleben, zu verstehen und Musik (mit der eigenen Stimme oder einem Instrument) zu produzieren bzw. zu kombinieren. Diese Fähigkeit zur musikalischen Betätigung entsteht aus dem Zusammenspiel von angeborenen Anlagen, Umwelteinwirkungen (z. B. Erziehung, Bildung, musikalische Erfahrung) und selbstgesteuerten Aktivitäten (z. B. Üben).« (S. 3)

In dieser Definition lässt sich erneut das Zusammenspiel aus Potenzial und Leistung, beeinflusst von Persönlichkeits- und Umweltfaktoren, finden. Es ist sicherlich nur ein subjektiver Eindruck, dass bei musikalischer Begabungsentfaltung das Üben einen besonders hohen Stellenwert gerade im Bereich klassischer Musik einnimmt. Das hat sicherlich mit Stereotypen zu musikalisch begabten Personen zu tun, mit denen sich Leserinnen und Leser unseres nächsten Fallbeispiels konfrontiert sehen. Gleichzeitig ist das Üben aber ein zentraler Faktor in der Begabungsentwicklung, nicht nur in der Musik, sondern in allen Bereichen. Aus der Expertiseforschung, die untersucht, wie erfolgreiche Menschen erfolgreich wurden, hat sich hierzu beispielsweise die 10.000-Stunden-Regel etabliert. Diese besagt, dass eine Person dann Expertise in einem konkreten Bereich erwirbt, wenn sie 10.000 Stunden übt. Das gilt für sportliche Aktivitäten (Training) ebenso wie für das Schreiben oder eben auch die Entwicklung musikalischer Talente.

Fallbeispiel Clara (Schreiber, 2016)

> **Leseempfehlung**
> Schreiber, C. (2016). *Solo für Clara*. München: Carl Hanser Verlag.

Wir haben uns zur Illustration dieses Begabungsbereichs für die die Protagonistin Clara aus dem Roman *Solo für Clara* der Autorin Claudia Schreiber entschieden. Clara hat den großen Traum, Pianistin zu werden. Dafür übt und übt und übt sie, denn Clara ist äußerst ehrgeizig, wie sie selbst über sich sagt:

> »Als ich zwölf war, wollte ich unbedingt gewinnen bei einem Wettbewerb in Göttingen. Im Januar, es war eiskalt. Mir selbst war vor Ehrgeiz und Aufregung so heiß, dass ich das Glatteis hätte schmelzen können, über das ich ging, hin zum Konzertsaal.« (Schreiber, 2016, S. 9)

Viele der Informationen, die die Lesenden über Clara erhalten, illustrieren sehr anschaulich die verschiedenen Aspekte, die Einfluss auf eine Begabungsentwicklung nehmen und die sich auch in den Begabungsmodellen wie dem hier vorgestellten von Christian Fischer verorten lassen. Vermutlich liegt das auch daran, dass Claras Geschichte mit einigem zeitlichen Abstand erzählt wird. Durch die Rückblicke lassen sich verschiedene Bereiche der Expertiseentwicklung schnell zuordnen, da die Lesenden wissen, dass Clara mit ihrer Musik Erfolg haben wird.

Eine wichtige Rolle in der Geschichte spielt der Klavierprofessor Eisenstein für Clara. Zu ihm kommt sie, nachdem sie als Kind erste Unterrichtsstunden genommen und die Klavierlehrerin ihr Talent erkannt hat. Eisenstein ist Claras strenges Vorbild:

> »Mein Klavierprofessor war sehr alt, hatte eine Glatze, die Haut käsig, er war vermutlich selten an der frischen Luft, immer in der Hochschule, auf Seminaren, Meisterkursen, er war Musikprofessor seit Jahrzehnten. Eisenstein hörte nicht auf zu arbeiten. Musiker und ihre Lehrer gehen selten in Rente, so wie Schriftsteller oder Maler, die hören auch erst auf, wenn sie tot sind. [...] Er war berühmt. Es war eine Ehre, von ihm unterrichtet zu werden, er nahm nur die Besten, um sie perfekt zu machen.« (Schreiber, 2016, S. 10–11)

Eisensteins Kritik ist hart, an einigen Stellen sogar verletzend und entmutigend: »Sicher spielst du die Noten perfekt, aber mir fehlt da das Quäntchen Genie, du spürst die Not von Chopin nicht, jung und gesund wie du bist.« (Schreiber, 2016, S. 12). Clara investiert ihre ganze Zeit ins Klavierspielen. Ihre Eltern sind verwundert über den Ehrgeiz ihrer Tochter. Weder sie noch andere Verwandte oder Bekannte haben einen professionellen Bezug zur Musik. Claras Eltern stehen ihrem Talent sogar skeptisch gegenüber.

> »›Frau Bette [Klavierlehrerin] hat lange mit uns gesprochen. Du sollst hochbegabt sein.‹
> Ich staunte: ›Ist das etwas Schlimmes?‹
> ›Nein‹, sagte Papa trotzig. ›Eigentlich etwas Gutes.‹
> ›Warum schaut Mama dann so böse?‹
> Die schüttelte den Kopf. ›Nicht böse, nur ... ich weiß nicht genau. Heutzutage soll jeder Hansel gleich hochbegabt sein, bloß weil er sich ab und zu daneben benimmt.‹« (Schreiber, 2016, S. 33)

Der Roman *Solo für Clara* hat neben der eindrücklichen Schilderung ihrer Begabung eine zusätzliche Besonderheit: Claras Repertoire an Klavierstücken wird nicht nur benannt und beschrieben; an insgesamt 21 Stellen sind QR-Codes zu finden, hinter denen YouTube-Links zu fast ausschließlich klassischen Klavierstücken hinterlegt sind. So wird der Roman akustisch bereichert und eröffnet Leserinnen und Lesern einen – vielleicht noch neuen – Zugang zu klassischer Musik.

9.1 Musikalische Begabungen erkennen

Auf den ersten Blick scheint es simpel, musikalische Begabungen zu erkennen: Stellen Sie sich zwei Flötenspieler vor, die ein und denselben Lehrer über den gleichen Zeitraum teilen und nichts destotrotz ganz verschieden Flöte spielen. Schnell heißt es dann, dem einen fällt das Flötespielen leicht, er sei musikalisch begabt (vgl. Malik, 2012).

Für uns geht es beim Erkennen musikalischer Begabung weniger um die Entdeckung und Förderung muskalischer Wunderkinder, sondern um eine allgemeine Sensibilisierung. Erkennungsmerkmale für musikalische Begabung können dabei sein:

- starkes Bedürfnis nach Musik und musikalischem Lernen,
- starkes Interesse an Musik und Klängen,
- eine innere Motivation, sich mit Musik zu beschäftigen,
- besonders gute Merkfähigkeit für Musik oder
- ein hohes musikalisches Einfühlungsvermögen.

Diese zufällig ausgewählten Merkmale stammen aus einer Liste der Arbeitsgruppe musikalische Begabung (2014).

Claras Begabung wird von ihrer ersten Klavierlehrerin, Frau Bette, erkannt. Diese unterzieht Clara zunächst einer Art Stresstest und organisiert zwei Vorspiele. Erst nach bestandenem Stresstest bittet sie Claras Eltern, Clara eine Karriere als Konzertpianistin zu ermöglichen und ihr einen Flügel zur Verfügung zu stellen. Als Claras Eltern mit ihr darüber sprechen, macht Clara eine entscheidende Äußerung, die wir Ihnen an dieser Stelle mitgeben wollen:

> »›Unsere Clara spielt daheim bloß aus Spaß. Sie kann auch meinetwegen vor Gästen mit ihrem Spiel schon mal angeben. Sie kann sogar später Musik studieren. Aber Pianistin, ich bitte Sie, Frau Bette!? Das entscheidet man als Erwachsene. Unsere Kleine geht zur Grundschule!‹
>
> Die Lehrerin hatte den Kopf geschüttelt: ›Sie lernt so schnell!‹
>
> Da mussten meine Eltern ihr zustimmen. Nicht nur am Klavier. [...]
>
> Aber ich sei ja ohnehin erst neun Jahre alt, da könne man doch keine Karriere starten. Sagten meine Eltern.
>
> Mir wurde langsam klar, dass es ein langes Gespräch über meine Zukunft gegeben hatte, bei dem die Hauptperson fehlte!
>
> ›Warum redet ihr über mich, warum redet niemand mit mir darüber?‹«
> (Schreiber, 2016, S. 35–36)

9.2 Räume zur Entfaltung musikalischer Begabungen

»Jeder Mensch besitzt eine ausbildungsfähige und ausbildungswürdige musikalische Begabung, so wie jeder Mensch auch Intelligenz und geistige Fähigkeiten besitzt.« (Arbeitsgruppe »Musikalische Begabung«, 2014, S. 3). Unmusikalische Menschen gibt es also nicht, auch wenn wir das häufig zu hören bekommen. Die gute Nachricht ist: Die Förderung musikalischer Begabung ist zu jedem Zeitpunkt des Lebens möglich. Entscheidend ist auch hier Üben.

An vorheriger Stelle sind wir bereits mehrmals auf die häufige Skepsis gegenüber einer Begabungsförderung eingegangen, etwa wenn Eltern eine Begabung annehmen und Lehrpersonen ebendiese nicht erkennen oder wenn Eltern oder aber auch pädagogische Fachkräfte soziale Ausgrenzung durch die Begabungsförderung befürchten. Bei musikalischer Begabung scheint das anders gelagert. Ähnlich wie im sportlichen Bereich ist die musikalische Begabungsförderung anerkannt und gang und gäbe. Es gibt vielfältige Angebote zur musikalischen Talentförderung. Beginnend mit einer musikalischen Frühförderung im Elternhaus, wenn beispielsweise gemeinsam Musik gehört oder gesungen wird, geht es weiter mit professionellen Angeboten zur musikalischen Frühförderung. Es gibt Musikschulen, Musikklassen, Musikgymnasien und Musikhochschulen. Und natürlich gibt es im Musikbereich viele verschiedene Wettbewerbe. Der bekannteste ist vermutlich »Jugend musiziert«. Aber haben Sie auch schon von »Jugend jazzt«, »Jugend komponiert« oder »Jugend singt« gehört? Die Webseite des deutschen Musikinformationszentrums (miz) listet über 600 regelmäßig durchgeführte Musikwettbewerbe im professionellen, semiprofessionellen und Amateurbereich von A wie »A-Capella-Award Ulm« bis Z wie »Zeigt was ihr tut! – MusiKuS – Landespreis im Rahmen des Projekts ›Kinder singen und musizieren‹« auf.

Mit der Entwicklung von Technik haben sich auch im musikalischen Bereich viele Möglichkeiten eröffnet. Inzwischen können ganze Alben am Computer »programmiert« werden, ohne dass auch nur ein Instrument selbst gespielt wird. Notenlesen ist hier auch nicht mehr notwendig. So heißt es beispielsweise zum Programm GarageBand:

> »Die Welt ist deine Bühne. Das ist dein Instrument. Mit GarageBand für iOS kannst du deine Musik ganz einfach spielen, aufnehmen und teilen, egal wo du bist. Nutze eine Vielzahl an Instrumenten aus der ganzen Welt.« (Apple Inc., 2021)

Es gibt auch Projekte, die ausgehend von »der Musik« einer ganzen Reihe von Begabungen gleichzeitig Raum geben, zum Beispiel Rap als Sprachförderung. Hier werden Kinder und Jugendliche angeleitet, einen eigenen Song zu schreiben, zu vertonen und ihn aufzunehmen. So etwas gibt es zum Beispiel in außerschulischen Programmen wie der VorbilderAkademie von Bildung & Begabung gGmbH oder auch als Theorie-Praxis-Projekt wie beispielsweise »RAPPRO – Sprachförderung durch Rap« von der Universität Duisburg (Bach, Huda, Jäger, Kaulvers & Taçan, 2018). Um einen eigenen Song zu entwickeln, braucht es unter anderem Kreativität, sprachliche und musikalische Begabung. Hier werden nicht nur Entfaltungsmöglichkeiten geschaffen, sondern vor allem durch Musik Türen geöffnet. Angebunden sind diese Angebote oftmals an die sozialen Lebenswelten der Kinder und Jugendlichen. Beim Rap etwa sind es auch durchaus soziale Fragen, die hier mit verhandelt werden.

Claras Raum zur Entfaltung im Roman ist ziemlich offensichtlich: Sie erhält von ihren Eltern die Möglichkeit, Klavier zu spielen und Unterricht zu erhalten. Die Eltern kaufen ein Klavier, letztendlich sogar ein sehr teures. Sie passen ihr Privatleben an Claras Bedürfnisse an und auch die Oma unterstützt Claras Entwicklungen massiv, etwa indem sie Fahrdienste übernimmt. Es folgen Vorspiele, Wettbewerbe, ein Musikprofessor und ein Meisterkurs.

Was sich bei Clara wie aus einem Guss liest, ist nicht voraussetzungslos. Finanzielle und soziale Rahmenbedingungen sind hier nicht wegzudiskutieren und werfen letztendlich auch die Frage auf, wie Kinder und Jugendliche ihre Begabungen entfalten können, die nicht einen solchen Hintergrund haben.

Möglichkeiten liegen hier im pädagogischen Raum, in den Institutionen wie Kindergarten, Grundschule und weiterführende Schule, aber auch über diese hinaus. Auch hier stellt sich die Frage, welche vielleicht auch niedrigschwelligen Angebote gemacht werden können, um jungen Menschen einen ersten Zugang zur Musik zu eröffnen. Singen im Kindergarten, das Aufmerksammachen auf den Kinderchor in der Kirchengemeinde, das Anbieten von Workshops in Jugendeinrichtungen oder die Fahrt zu Konzerten können hier wichtige Impulse setzen, um Kinder und Jugendliche zu begeistern und ihr Interesse zu wecken.

10

Inter- und intrapersonale Begabungen

Inter- und intrapersonale Begabungen beschreiben beide etwas, was im Verhältnis mit oder zu Gefühlen steht, sei es in Bezug auf die eigenen Gefühle (intra) oder auf die Gefühle anderer und den Umgang mit denselbigen (inter). Aus einer analytischen Sicht mag es sinnvoll wirken, die inter- und intrapersonale Begabung voneinander zu trennen. Für das pädagogische Arbeiten erscheint uns ein Zusammenlegen der beiden Begabungsbereiche aber vielversprechender. Mit Blick auf die Arbeit mit Kindern, Jugendlichen oder Erwachsenen erscheint es uns künstlich, die Wahrnehmung und den Umgang mit den eigenen Gefühlen oder den Gefühlen anderer zu trennen, sodass wir diese beiden Facetten der Begabung in einem Kapitel behandeln. Zunächst ein paar Sätze zur Beschreibung und Abgrenzung dieser beiden Ausprägungen von Begabung.

Unter interpersonaler Begabung versteht Gardner die Fähigkeit, Befindlichkeiten anderer differenziert wahrzunehmen, einzuschätzen und das eigene Verhalten darauf abzustimmen (Gardner, 2013). Ein zentrales Schlagwort ist hier Empathie.

Kommen Ihnen als Lesende hier Personen oder Berufsgruppen in den Sinn, die derlei Begabung verstärkt aufweisen bzw. aufweisen sollten? Wir denken, vielleicht zunächst einmal trivial, an Personen, die mit anderen Menschen arbeiten: Pädagoginnen und Pädagogen, Sozialarbeiterinnen und -arbeiter und Erzieherinnen und Erzieher.

Aber auch Menschen in Führungspositionen brauchen Fähigkeiten aus diesem Begabungsbereich, um ihre Mitarbeitenden für Aufgaben auszuwählen, sie im Prozess zu begleiten und ihnen wiederum eine Begabungsentfaltung zu ermöglichen. Menschen in Führungsbereichen sprechen oft davon, dass sie Personalverantwortung haben. Dabei muss man sich eben auch vor Augen führen, dass diese Verantwortung nicht nur etwa in der Profitabilität des Unternehmens liegt, sondern auch darin, Menschen Entwicklungsperspektiven aufzuzeigen, sie zu beraten und zu bestärken, um Weiterentwicklungen zu unterstützen.

Die Aufzählung muss unbedingt noch erweitert werden: Denken Sie einmal an Ärztinnen und Ärzte oder Krankenschwestern und -pfleger, die Menschen in den verletzlichsten Situationen ihres Lebens begleiten und umsorgen. Interpersonale Begabung ist vermutlich eine Querstrebe, die sich durch viele verschiedene Bereiche der Gesellschaft zieht.

Geht es bei der interpersonalen Begabung um Gefühle anderer und die Fähigkeit, sich in das Gegenüber hineinzuversetzen, bezieht sich die Beschreibung der intrapersonalen Begabung auf die Fähigkeit zur Selbstregulation, also die Fähigkeit, mit den eigenen Gefühlen klug umzugehen, Impulse zu kontrollieren und eigene Grenzen zu kennen (Gardner, 2011). Fähigkeiten, die durch die aktuellen gesellschaftlichen Herausforderungen bedingt durch Klimawandel und Corona-Pandemie vermutlich noch mehr Bedeutung haben als zuvor.

Woran denken Sie bei der Umschreibung dieses Begabungsbereichs?

In der Literatur finden sich Personen, die ganz bei sich selbst sind. Howard Gardner hat als Beispiel den Dalai Lama genannt als eine Person, die etwa durch das Meditieren und den buddhistischen Glauben einen guten Zugang zum eigenen Selbst hat. Dies ist natürlich ein Paradebeispiel und hilft vielleicht, Extremausprägungen zu beschreiben. Im Alltag sieht es aber anders aus. Dennoch sind Anknüpfungspunkte gegeben: Personen, die sich stark mit sich selbst auseinandersetzen, etwa durch das Schreiben von Tagebüchern oder in einem spirituellen Sinne. Eine gute Kollegin von uns spricht an dieser Stelle immer von Psycho-Hygiene, also von der Fähigkeit, seine eigene Psyche von Sorgen, Ballast und Problemen aktiv zu befreien.

Sicherlich ist intrapersonale Begabung wie die interpersonale Begabung eine Querlage, deren Ausprägung in ganz vielen Bereichen wichtig ist. Dabei geht es viel um Fragen des Miteinanders, etwa in der Familie, mit Freundinnen und Freunden, aber auch in der Schulklasse oder der Arbeitsstelle, wo sich Beziehungen noch einmal ganz anders ausdeklinieren und auch ganz anderen Zwängen unterworfen sind.

Wenn wir den Blick zur Abwechslung nicht ressourcenorientiert, sondern defizitorientiert drehen, können Sie sich sicher schnell ein Bild des Fähigkeitsbereichs machen: Menschen, deren Fähigkeiten in der Selbstregulation und im Umgang mit den eigenen Gefühlen und Grenzen nicht ausgeprägt sind, sind Menschen, die sich schnell verausgaben, über die eigenen Grenzen hinausgehen.

Die Kenntnis der eigenen Gefühlswelt, der eigenen Möglichkeiten, aber auch Grenzen helfen Menschen, sich im Miteinander passend einbringen zu können. Sie können auf der Basis ihrer eigenen Gefühlslage Überlegungen anstellen und Pläne aufstellen, sie können auf andere Menschen zugehen und sich in sie hineinversetzen, da sie selbst verschiedene Positionen, Ideen und Gefühle in sich vereinigen können. Hier wird die Verbindung zwischen der intrapersonalen und der interpersonalen Begabung deutlich. Für Pädagoginnen und Pädagogen, die mit Menschen arbeiten, erscheinen diese beiden Bereich daher oft als zwei Seiten ein und derselben Medaille.

Vielleicht verdeutlicht uns das Fallbeispiel Candice Phee noch einmal genauer, was es mit der inter- und intrapersonellen Begabung auf sich hat.

Fallbeispiel Candice Phee (Johnsberg, 2016)

> **Leseempfehlung**
> Jonsberg, B. (2016). *Das Blubbern von Glück*. München: cbt.

Candice Phee aus dem Roman *Das Blubbern von Glück* von Barry Jonsberg (2016) ist zwölf Jahre alt und geht in einer Kleinstadt im US-amerikanischen Staat Queensland zur Schule. Candice ist wunderbar ehrlich und ein bisschen anders. So ist ihr Lieblingsbuch ein Wörterbuch und mit fremden Menschen kommuniziert sie am liebsten über ihren Notizblock, den sie immer dabei hat.

> »Etliche Mädchen (und Jungen) an meiner Schule nennen mich *Ile*. Das ist eine phonetische Wiedergabe von I.L.E. und dies wiederum ist eine Abkürzung für *Individuelle Lernförderung*. Viele Leute glauben, ich hätte eine Lernstörung, doch das stimmt nicht. Ich habe Jen einmal einen Zettel geschrieben, dass jeder Mensch ein Individuum ist und auch jeder Mensch gefördert werden sollte. Mit ihrer Beleidigung (denn als solche war es gedacht) liege sie deshalb vollkommen daneben. Sie hat mich nur finster angeblickt, ihr Kaugummi gekaut und den Zettel in Fetzen gerissen. Wenn ich ehrlich sein soll – und ich *muss* ehrlich sein, ich kann gar nicht anders –, muss ich zugeben, dass Jen Marshall nicht ›das hellste Licht im Hafen‹ ist, wie mein reicher Onkel Brian es ausdrücken würde. Aber das ist nicht ihre Schuld. Und sie ist sehr, sehr hübsch. Deswegen mag ich sie. Aber ich mag fast alle, wie Mum oft feststellt.« (Jonsberg, 2016, S. 10)

Vor allem hat Candice ein großes Herz und nimmt Gefühle, Menschen und Tiere sehr genau wahr. Sie mag (fast) alle Menschen, denen sie begegnet, auch wenn andere Menschen sich wiederum schwertun, Candice zu verstehen. Ihr bester Freund ist »Douglas Benson aus einer anderen Dimension« (S.14). Douglas ist »superklug«, scheinbar ein wenig in Candice verknallt und davon überzeugt, aus einer anderen Dimension gefallen zu sein. Jeden Abend um halb sieben versucht er, den Sprung zurück in seine ursprüngliche Dimension zu schaffen. Jeden Abend um halb sieben sorgt Candice dafür, dass er sich bei seinem Sprung nicht verletzt.

Eigentlich kommt Candice aus einem Umfeld, welches früher vor Glück blubberte (daher auch der Romantitel). Nun muss sie feststellen, dass inzwischen leider das Unglück eingezogen ist. Ihre Eltern trauern über den Tod ihrer Schwester, ihre Mutter leidet nach einer Brustkrebserkrankung an einer Depression, ihre Brieffreundin Denille schreibt nicht zurück, der reiche Onkel Brian ist mit Candices Vater zerstritten, ihr Erdferkel mit dem Namen Fisch hat womöglich eine Identitätskrise und Douglas ist traurig, weil er täglich daran scheitert, in die andere Dimension zurückzureisen. Candice beschließt, die Welt glücklicher zu machen. Sie will in ihrem Umfeld anfangen:

> »Doch jetzt zur Sache. Alle laufen mehr oder weniger zielgerichtet und hoffnungslos durch die Gegend und scheinen ihr Schicksal hinzunehmen. [...] Das kann so nicht weitergehen. Wir brauchen wieder Hoffnung. [...] Wie du siehst, möchte ich nach Glück streben. Ich möchte es einfangen, am Wickel packen, mit nach Hause schleifen und zwingen, sämtliche oben aufgelisteten Menschen zu umarmen.« (Jonsberg, 2016, S. 72; Herv. im Orig.)

Candice Plan ist verrückt und abenteuerlustig und lässt die Lesenden tief in ihre interpersonale Begabung eintauchen. Sie geht auf andere Menschen zu, sie versucht, sie zu stärken und ihnen zu helfen. Dabei ist sie eigentlich gar nicht die Person, die das alles leisten müsste. Und dennoch fühlt sie sich verpflichtet, den Menschen (und auch ihrem Erdferkel) zur Seite zu stehen.

10.1 Inter- und intrapersonale Begabungen erkennen

 Interpersonale Begabung, so liegt es in ihrer Natur, lässt sich nur im Umgang mit anderen, also zum Beispiel in Gruppen erkennen. Wir können dies an dieser Stelle erweitern und diskutieren, ob sich interpersonale Begabung auch in Beziehungen zu und im Umgang mit Tieren zeigt. Reiterinnen und Reiter, Hunde-Herrchen und -Frauchen, Katzenbesitzer und -besitzerinnen und vermutlich Tierliebhaberinnen und -liebhaber allgemein würden dem Gedanken, dass es auch interpersonaler Fähigkeiten im Umgang mit Tieren bedarf, zustimmen. Wir wollen das an dieser Stelle allerdings nicht vertiefen und fokussieren uns auf den Umgang mit anderen Menschen.

Interpersonale Begabungen werden in der pädagogischen Arbeit an vielen Stellen sichtbar. Kinder oder Jugendliche sind hilfsbereit, sie gehen auf andere Menschen zu, sie setzen sich für deren Belange und Bedürfnisse ein. Andere aber sind vor allem in Gesprächen stark: Sie hören zu, sind in der Lage, die Perspektiven der anderen nachzuvollziehen und zu verstehen. Sie sind keine Besser-Wissenden, sondern haben ein Ohr für die anderen. Eine wichtige Rolle kann dabei auch das Verhältnis zwischen den Generationen sein. Nicht immer können junge Menschen gut mit anderen jungen Menschen umgehen, oder aber im Gespräch mit Älteren fehlt ihnen der Zugang. Hier gibt es ganz unterschiedliche Erfahrungen, die man mit Kindern, Jugendlichen oder auch Erwachsenen machen kann.

Intrapersonale Begabungen lassen sich – im Gegensatz zu interpersonalen Begabungen – viel schwerer erkennen. Zunächst sind sie vielleicht sogar für jemand Außenstehenden unsichtbar. Sichtbar werden sie, wenn uns das Gegenüber einen Zugang gewährt, eigene Bedürfnisse oder Gefühle differenziert erläutert, Einblick in die Gedanken und eigene Wahrnehmung gibt. Vermutlich benötigt es ein Maß an interpersonaler Begabung von Ihnen, damit Ihr Gegenüber seine intrapersonalen Fähigkeiten offen zeigt. Häufig bleiben derlei Fähigkeiten im Verborgenen. Vielleicht werden sie in Tagebüchern deutlich, diese werden aber nur selten geteilt. Hier zeigt sich erneut ein Vorteil fiktiver Fallbeispiele für die Beschäftigung mit unterschiedlichen Begabungen aus der Kinder- und Jugendbuchliteratur. Sie sind ja gerade deswegen so nützlich, weil sie uns Einblick in die Gedanken- und Gefühlswelt anderer geben. Clara, unser Beispiel für den musikalischen Bereich, oder T. S. Spivet, unser Protagonist aus dem visuell-räumlichen Bereich, sind dafür wunderbare Illustrationen.

An dieser Stelle schieben wir ergänzend noch kurz eine weitere Leseempfehlung, respektive ein weiteres Fallbeispiel ein, welches auch an verschiedenen anderen Stellen dieses Buchs seinen Platz hätte finden können: *Die beste Bahn meines Lebens* von Anne Becker, denn das möchten wir Ihnen auf keinen Fall vorenthalten.

Fallbeispiel Flo (Becker, 2019)

> **Leseempfehlung**
> Becker, A. 1. (2019). *Die beste Bahn meines Lebens*. Roman. Weinheim, Basel: Beltz & Gelberg.

Das Buch *Die beste Bahn meines Lebens* erzählt die (komplizierte Liebes-)Geschichte rund um Jan und Flo, die sich nach Jans Umzug als Nachbarn und Mitschüler kennen lernen. Hohe Begabungen spielen natürlich auch hier eine Rolle: Jan ist herausragender Leistungsschwimmer und tut sich gleichzeitig sehr schwer im Lesen und Schreiben, Flo hat eine Vorliebe für Mathematik und Grafiken. Ähnlich wie Lotte aus *Grüne Gurken* (▶ Kap. 1.1) überträgt Flo, die eigentlich Florentine heißt, ihre Erlebnisse, Gefühle, Beobachtungen und Entscheidungen in witzige Grafiken. Es ist ihr Tagebuch, welches alternierend zu Jans ausformulierten Schilderungen Einblick in Flos Gefühlswelt gibt.

Flo ist zwölf Jahre alt und eine begeisterte Leserin (Becker, 2019, S. 36): In der Pause steht sie immer mit einem Buch in der Hand auf dem Schulhof und zuhause ist mehr als genug Lesefutter vorhanden. Zudem spielt sie Geige und ist »[s]o richtig nerdig, wie Einstein oder so« (ebd., S. 58) – ein Mathegenie. Flos Infografiken ermöglichen einen Zugang zu ihren Gefühlen und zu ihrer Wahrnehmung. Dieses Hineinfühlen in literarische Figuren ist vielleicht nichts Besonderes, durch die Nutzung der Grafiken werden hier aber auch Zugänge für Lesende eröffnet, die ansonsten nur wenig lesen.

10.2 Räume zur Entfaltung inter- und intrapersonaler Begabung

Interpersonale Begabung zeigt und entfaltet sich im Umgang mit anderen. Gelegenheiten dafür gibt es zuhauf. Es fängt an mit Krabbel- und Spielgruppen, hin zu Kindergartengruppen über Schulklassen bis hin zu Vereinen und anderen Möglichkeiten der Freizeitgestaltung. Es gibt so viele verschiedene Gruppen: Denken Sie auch an Kommunion- oder Konfirmandengruppen, Pfadfinderinnen und Pfadfinder, Jugendfreizeiten, ...

Wenn Sie als Leserin oder Leser beispielsweise aus der Kinder- und Jugendarbeit kommen, dann gehört es zu Ihrem »täglichen Brot«, Angebote und Lerngelegenheiten dieser Art zu schaffen und die Teilnehmenden in diesen zu beobachten. Sie leiten Spiele an, für die es beispielsweise einer Verantwortungsübernahme oder Anbahnung der Kooperation untereinander bedarf, wie zum Beispiel das Lösen eines gordischen Knotens. Sie bieten Herausforderungen an und erleben Kinder und Jugendliche in kommunikativen Situationen. Hier werden Sie nicht nur wahrnehmen, wie Kinder und Jugendliche argumentieren, sondern auch, wie sich die Personen in andere hineinversetzen können. Dies wird vor allem immer dann deutlich, wenn es zu Brüchen oder Konflikten kommt. Dann geht es nicht mehr nur um ein sachliches Argument, sondern es sind die Gefühle der Einzelnen, die in der Gruppe oder auch zwischen zwei Personen Bedeutung haben.

Vermutlich haben Sie ein eigenes Repertoire an Ideen, aber falls nicht, hier ein paar hoffentlich anregende Vorschläge aus unserer eigenen Praxis.

- Haben Sie schon einmal ein Quidditch-Turnier organisieren lassen?
- Können Sie sich vorstellen, Planungen von Abschlusspartys zu delegieren?
- Wie sieht es aus mit Veranstaltungsformaten vor der eigenen Haustür, etwa bei einem Stadtteilfest? Sehen Sie hier Möglichkeiten für Kinder und Jugendliche, sich einzubringen?
- Kennen Sie Kooperations- oder auch Kommunikationsspiele, bei denen die natürliche Kommunikation unterbunden wird, etwa wenn das Sprechen untersagt wird?

Wenn Sie bemerken, dass ein Kind oder Jugendlicher begabt im interpersonalen Bereich ist, werden Sie vermutlich ganz automatisch Lerngelegenheiten schaffen. Sie können das Kind oder den Jugendlichen animieren, beispielsweise selbst ein Spiel anzuleiten, einen Workshop anzubieten oder einen Ausflug zu begleiten. Sinnvoll kann es auch sein, die Auseinandersetzung mit anderen systematisch einzubinden, etwa indem Angebote geschaffen werden, in denen Kinder und Jugendliche als Streitschlichtende ausgebildet werden oder über das Debattieren lernen, eigene Rollenmuster zu überdenken, indem die Perspektiven von anderen mit beachtet werden.

An dieser Stelle wollen wir uns einmal explizit zum Sprachrohr von Kindern und Jugendlichen machen, die wir aus unserer eigenen Beratungstätigkeit kennen und die aufgrund ihrer besonderen Begabungen stark in die pädagogische Arbeit in der Schule eingebunden werden. Es gibt sicherlich viele Menschen, denen es Freude bereitet, Leitung und Verantwortung zu übernehmen – aber eben nicht allen und nicht immer. Uns erreichen immer wieder Klagen darüber, wenn Schülerinnen und Schüler häufiger als gewünscht als »Hilfslehrer« oder »Hilfslehrerin« eingesetzt werden und sich um andere kümmern müssen. Das Kümmern um andere kann schön sein und viel Resonanz erzeugen. Aber man muss sich auch um seine eigenen Begabungen kümmern dürfen, womit wir wieder bei der intrapersonalen Seite dieses Kapitels sind.

Im Gegensatz zur interpersonalen Begabung kommt die intrapersonale Begabung viel leiser daher. Sie lässt sich nicht wirklich direkt beobachten, sondern sie zeigt sich nur, wenn die Personen dies zulassen. Je nach Kontext ist dies mal mehr oder mal weniger möglich. Oftmals geht es um Vertrauensverhältnisse, etwa zwischen einem Mannschaftsmitglied und der Trainerin. Besteht eine gute Beziehung, dann kann es sein, dass Kinder, Jugendliche und auch Erwachsene sich öffnen und von den eigenen Gefühlen oder Perspektiven berichten.

Sinnvoll kann es sein, Kinder, Jugendliche oder auch Erwachsene in herausfordernden Situationen an Grenzen zu bringen, die sie dann entweder allein bewältigen müssen oder aber auch kooperativ lösen können.

Um Kinder, Jugendliche und Erwachsene zu inspirieren, sich mit den eigenen Gefühlen oder Gedanken auseinanderzusetzen, bedarf es aber nicht nur des sozialen Miteinanders, sondern notwendig ist auch Zeit für die Einzelne oder den Einzelnen. Es geht eben nicht nur darum, dass sich Menschen sozial verträglich verhalten oder sich besonders engagieren, sondern auch darum, dass die Menschen Zeit haben für sich selbst und die Chance bekommen, sich selbst zu erkunden.

Bei der pädagogischen Arbeit gibt es viele verschiedene Möglichkeiten, wie solche Anregungen geschaffen werden können. Das Schreiben eines Tagesbuchs haben wir schon angesprochen. Dies funktioniert auch auf digitalen Wegen (etwa beim Schreiben eines [privaten] Blogs oder die Nutzung von anderen, auch kreativen

Schreibangeboten). Seit einiger Zeit erleben Tagebücher in Form von »Bullet Journals« eine Art Renaissance. Bullet Journals sind sehr individuell und liebevoll gestaltete Bücher, die eine Kombination aus Tagebuch, Kalender, To-Do-Liste, Skizzenheft, aber eben auch Hilfsmittel zur Selbstreflexion beinhalten. Man kann sie fertig gestaltet kaufen, zum Beispiel »Ein guter Plan«, oder aber auch selbst ein Bullet Journal anlegen. Ein Bestandteil der Bullet Journals sind Hilfsmittel, mit denen Verhaltensweisen oder Stimmungen nachvollzogen, also zu neu-deutsch »getrackt« werden können, vielleicht in Form einer Tabelle mit Monaten in den Spalten und Tagen in den Zeilen, sodass nach einem eigenständig festgelegten Farb-Code beispielsweise täglich die Stimmung getrackt werden kann (zum Beispiel grün = gut, gelb = normal, rot = schlecht, ...). Das System ist dann ganz gleich zu übertragen auf Gewohnheiten, Schlafqualität, soziale Kontakte, ...

Im Netz findet man eine Vielzahl von Angeboten, die aber nicht nur das Schreiben fokussieren. Andere Ausdrucksformen sind ebenso möglich und hängen eng mit den eigenen Präferenzen zusammen. Flo aus dem Buch *Die beste Bahn meines Lebens* nutzt etwa Infografiken, um die eigenen Gefühle zu dokumentieren. Andere Formen können auch verstärkt künstlerischer Natur sein (Zeichnen, Basteln, Malen). Sinnvoll aus pädagogischer Sicht ist es hier, den Menschen, mit denen man zusammenarbeitet, verschiedene Möglichkeiten aufzuzeigen. Dabei können die Produkte als Gesprächsanlässe genutzt werden. Sie können aber auch im Privaten bleiben.

Fazit und Ausblick

Begabungen zu fördern ist nicht nur eine Aufgabe für Lehrerinnen und Lehrer in der Schule und im Unterricht. Alle, die pädagogisch arbeiten, haben es mit Menschen zu tun, die auf der Suche sind nach ihren Begabungen, die sich entwickeln und entfalten wollen. Dabei sind es nicht nur die Jungen, also die Kinder, die hier gemeint sind. Jugendliche und auch Erwachsene stehen ebenso oft vor der Frage, was sie gut können, wo sie sich entwickeln wollen und welche Perspektiven es für sie gibt.

Begabungsförderung funktioniert dabei nicht systematisch-mechanisch, sondern ist eingebunden in ein Geflecht aus Beziehungen, Erfahrungen und auch Anforderungen, in denen die Kinder, Jugendlichen oder auch Erwachsenen stehen.

Dabei sind die Eltern gefragt, sich für ihre Kinder einzusetzen. Sie sind die ersten, die erkennen können, welche Entwicklungschancen die einzelnen haben, und können Wege eröffnen. Für Pädagoginnen und Pädagogen erschließt sich Begabungsförderung nicht über die Familienzugehörigkeit. Sie kommen erst später dazu: in der Kindergartengruppe, als Jugendgruppenleiterin oder als Sporttrainer. Und damit haben sie, durch ihre Verortung im Feld, einen ganz eigenen Zugang zu den Menschen. Sie begegnen den Kindern, Jugendlichen oder Erwachsenen oftmals als Expertinnen und Experten und verfügen über ein breites Reservoir an Erfahrungen. Hieran lässt sich anschließen und es lassen sich Situationen schaffen, in denen Kinder, Jugendliche oder Erwachsene ihre Begabungen entwickeln und entfalten können.

Begabung entwickelt sich nicht von selbst – Förderung und Anreicherung sind für eine Begabungsentfaltung unabdingbar. Kinder sind grundsätzlich motiviert, Dinge auszuprobieren, zu erleben und zu entdecken. Interessen spielen hierbei eine große Rolle und natürlich müssen Interessen überhaupt erst einmal entdeckt werden. Hier können Erwachsene Angebote machen und Perspektiven aufzeigen; hier können Pädagoginnen und Pädagogen vielfältige Anregungen geben. Wenn die Kinder, Jugendlichen, aber auch Erwachsenen sich dann weiter und tiefer mit dem Bereich auseinandersetzen, kann das situative Interesse zu einem individuellen Interesse ausreifen, welches dann auch ohne Anstoß von außen intrinsisch motiviert weiterverfolgt wird.

Es ist aber auch genauso gut möglich, dass wir das Interesse nicht aufrechterhalten und es langsam zurück geht. Das kennen Sie auch von sich selbst. Damit kommen wir zu einem Appell, der sich daran richtet, dass die Personen ein Recht darauf haben zu entscheiden, ob sie ihre Begabungen entwickeln wollen und auch, mit welchem Einsatz sie dies tun. Sicherlich kann es sinnvoll sein, Menschen zum Durchhalten zu ermutigen. Doch dies hat auch Grenzen. Immer dann, wenn Kinder, Jugendliche oder Erwachsene entscheiden, eine bestimmte Begabung nicht weiter auszubilden, ist das vielleicht schade, aber aus Sicht der Betroffenen oftmals eine richtige und wichtige Entscheidung, die nur sie selbst treffen und auch verantworten müssen.

Es geht also darum, eine gute Balance zu finden, wenn Kindern Angebote gemacht werden und etwa seitens der Eltern ein »Dranbleiben« eingefordert wird. Wir empfehlen klare Absprachen, um Überforderungen und auch Enttäuschungen zu vermeiden. Wichtig ist zu fragen und mit dem Kind zu klären:

- Was ist dem Kind wichtig?
- Was ist Ihnen, etwa als Eltern oder Trainer bzw. Trainerin, wichtig?
- Wo gibt es Schnupperangebote, um Interessen finden zu können?
- Welche Pflichten werden eingefordert, wenn zum Beispiel Musikunterricht oder die Teilnahme im Sportverein ermöglicht werden?

Wichtig ist, dass die beteiligten Personen sich gegenseitig zuhören, dass Begabungsförderung auf einer breiten Vertrauensbasis stattfindet und dass die Kinder, Jugendlichen oder Erwachsenen nicht überladen werden mit Wünschen oder Anforderungen von außen. Dies wird – zumindest auf Dauer – eher dazu führen, dass sie die Angebote nicht mehr wahrnehmen (wollen) und ihre Fähigkeiten nicht so auszuspielen lernen, wie es vielleicht möglich wäre mit einem entsprechenden Grad an Freiheit, auch Nein sagen zu können.

Von Bedeutung ist es, klare und transparente Absprachen in der Begabungsförderung zu treffen. Dies gilt für Eltern und ihre Kinder, aber auch für außerfamiliäre Strukturen, wenn es über Schnupperangebote hinausgeht. Beiden Seiten – sowohl den Geförderten als auch den Fördernden – muss deutlich sein, worauf sie sich einlassen, wenn sie Angebote gestalten bzw. wahrnehmen. Dies hat auch viel mit dem Respekt füreinander zu tun. Hierfür lassen sich einfache, aber zielführende Absprachen treffen:

- Vereinbaren Sie eine »Mindestlaufzeit«, in der etwa die eigenen Kinder sich verpflichten, eine Sportart auszuprobieren oder Musikunterricht zu nehmen. Die Zeit sollte lang genug sein, um vielseitige Erfahrungen (etwa auch Frust und Langeweile) gemacht zu haben.
- Die maximale Anzahl an Angeboten in einer regulären Woche sollte festgelegt werden.
- Verpflichtende Übungsabsprachen sollten festhalten werden.

Oftmals zeigt sich, dass Gespräche und auch schriftliche Absprachen hilfreich sind, um gemeinsame Regelungen zu treffen.

Vermutlich haben Sie auch Vorstellungen davon, welche Begabung in einem Kind/einem Jugendlichen oder einer Erwachsenen steckt, und Vorschläge, was vielleicht ein schönes Hobby für ihn oder sie wäre. Aber Sie werden nicht immer auf offene Ohren stoßen, gerade als Elternteil werden Sie bisweilen gegen Wände rennen. Da helfen nur Geduld und das Vertrauen in das Kind, dass sich die Begabung durchsetzen wird, wenn es ein inspirierendes Umfeld gibt, in dem es erlaubt ist auszuprobieren, zu üben und zu scheitern. Begabung erkennen und fördern ist ein alltägliches Geschäft in der Pädagogik – und ist es auch wieder nicht.

Durch die Darstellung der verschiedenen Begabungsbereiche in diesem Buch haben Sie hoffentlich gemerkt, wie vielschichtig Begabung sein kann und wie vielfältig auch die Möglichkeiten, mit den Menschen als Trägerinnen und Träger der Begabung umzugehen. Wir hoffen, Sie haben Ideen und Impulse bekommen, um sich mit diesem Thema weiter auseinanderzusetzen. Dies gilt sowohl für die pädagogische Praxis als hoffentlich auch für konkrete Bücher der Kinder- und Jugendliteratur.

Wir sind sehr interessiert, von Ihren Erfahrungen und Begegnungen zu erfahren. Schreiben Sie uns gerne eine Mail und lassen Sie uns wissen, welche Tipps für Sie hilfreich waren, wo Sie auf die Nase gefallen sind und welche Ideen Sie selbst entwickelt haben – über die Grenzen dieses Buches hinaus.

Leseliste und weitere Leseempfehlungen

Am Ende dieses Teils haben wir Ihnen tabellarisch die verwendeten Kinder- und Jugendbücher gelistet.

Erst während des Schreibens dieses Buches haben wir festgestellt, wie viele Bücher mit begabten Protagonisten und Protagonistinnen wir in den vergangenen Jahren gelesen haben. Die Liste ist dabei nicht einmal vollständig. Vielmehr bieten die Beispiele in diesem Band Möglichkeiten, sich mit der einen oder anderen Facette noch einmal genauer zu beschäftigen. Für jeden Begabungsbereich haben wir diskutiert, welches Buch wir vorstellen und auf welche Bücher wir verzichten müssen. So kommt es auch, dass es verschiedene Protagonisten und Protagonistinnen nicht ins Buch geschafft haben, die uns aber sehr am Herzen liegen. Das fiel uns

Leseliste und weitere Leseempfehlungen

beispielsweise bei Flavia de Luce, einer Romanfigur des Schriftstellers Alan Bradley, besonders schwer.

Wir können aber an dieser Stelle auf den »Arbeitskreis Begabung in Literatur und Medien« hinweisen. Der Arbeitskreis verfolgt das »Ziel, die Begabungsförderung und Begabtenförderung in literar- und medienästhetischen Bereichen voranzutreiben und stärker in der Literaturvermittlung zu etablieren« (Arbeitskreis »Begabung in Literatur und Medien«, 2021). Neben Tagungen und Fortbildungsangeboten finden Sie auf der entsprechenden Webseite des Arbeitskreises eine Datenbank mit diversen Einträgen. Jeder Eintrag stellt ein Buch oder auch einen Film oder eine TV-Serien mitsamt seinen Figuren und den entsprechenden Begabungsdarstellungen und didaktischen Impulsen vor. Unsere Fallbeispiele *Enno Anders* und *Solo für Clara* sind etwa bereits in die Datenbank aufgenommen. Gefüllt wird die Datenbank von den vier tragenden Wissenschaftlern bzw. Wissenschaftlerinnen, aber auch von Studierenden der jeweiligen Hochschulen. Vielleicht finden Sie hier beim Stöbern noch interessante Anregungen. Im Sinne der wissenschaftlichen Bearbeitung des Themenfeldes sei hier auch auf den Band »Begabte Figuren in Literatur und Unterricht« verwiesen, der 2022 im Waxmann Verlag erscheint und verschiedene weitergehende Anknüpfungspunkte vor allem für den schulischen Bereich anbietet.

Tab. 1: Verwendete literarische Texte im Überblick

Titel	Schlagwörter	Gattung	Alters-empfehlung	Reihe?
Alexie, S. (2017). *Das absolut wahre Tagebuch eines Teilzeit-Indianers*. Roman (dtv pocket, 9. Aufl.). München: dtv.	Basketball, Rassismus, Außenseiter, Benachteiligung	Erzählung/Roman	ab 12 Jahren	
Becker, A. (2019). *Die beste Bahn meines Lebens*. Roman. Weinheim, Basel: Beltz & Gelberg.	Sommerferien, erste Liebe, Grafiken, Schwimmen, Mathematik, Umzug	Erzählung/Roman	ab 11 Jahren	
Bell, D. (2020). *Was du nicht alles kannst!*. Illustriert von A. Colpoys. Berlin: Insel Verlag.	Freundschaft, Kreativität, Fantasie, Neugier	Bilderbuch	ab 2 Jahren	
Brooks, B. (2018). *Stories for boys who dare to be different. Vom Mut, anders zu sein*. Bindlach: Loewe Verlag.	Vorbilder, Sport, Musik, Wissenschaft, Politik	Sachbuch	ab 10 Jahren	

Tab. 1: Verwendete literarische Texte im Überblick – Fortsetzung

Titel	Schlagwörter	Gattung	Alters-empfehlung	Reihe?
Child, L. (2013). *Ruby Redfort – Gefährlicher als Gold*. Frankfurt: Fischer KJB.	Geheimagenten, Rätsel, Freundschaft	Detektiv- und Kriminalroman	ab 10 Jahren	Band 1 von 5 (letzter Teil erschienen 2019)
Colfer, E. (2008). *Artemis Fowl*. Hamburg: Carlsen.	Fantastik (Hoch-technologisierte Unterwelt mit Elfen, Zwergen u. v. m.), Meisterverbrechen, Entführung, Freundschaft, Depression	Fantastik, Kriminalroman	ab 12 Jahren	Band 1 von 9 (Reihe ist abgeschlossen)
Easton, T. S. (2016). *Ben Fletchers total geniale Maschen*. Weinheim: Gulliver.	Beziehung zu den Eltern, Freundschaft, Liebe, Genderstereotype, Stricken	Roman, Coming of Age	ab 12 Jahren	
Frank, A. (2017). *Enno Anders oder Löwenzahn im Asphalt*. Stuttgart: Urachhaus.	Sensibilität, Außenseiter, Freundschaft, Schule, Sterben, Tod, Zukunft	Erzählung/Roman, Kinderbuch	ab 9 Jahren	
Frank, S. (Regie) (2020). *Das Damengambit*	Emanzipation, Familie, Schachspiel, Freundschaft	Spielfilm	ab 12 Jahren	
Favilli, E. & Cavallo, F. (2017). *Good Night Stories for Rebel Girls. 100 außer-*	Vorbilder, Sport, Musik, Wissenschaft, Politik	Sachbuch	ab 10 Jahren	Es gibt vielfältige weiterführende Bände, aber auch Ableger

Tab. 1: Verwendete literarische Texte im Überblick – Fortsetzung

Titel	Schlagwörter	Gattung	Alters-empfehlung	Reihe?
gewöhnliche Frauen (6. Aufl.). München: Carl Hanser Verlag.				anderer Autorinnen und Autoren
Goretik, L. (2017). *Null bis unendlich*. Roman. Reinbek: Rowohlt Taschenbuch Verlag.	Mathematik, Liebe, Krankheit, Tod	Erzählung/Roman	ab 16 Jahren	
Hach, L. (2019). *Grüne Gurken*. München: Mixtvision.	erste Liebe, Umzug, Intelligenztests, Tortendiagramme	Erzählung/Roman	ab 12 Jahren	
Hunt, L. M. (2016). *Wie ein Fisch im Baum* (1. Aufl.). München: cbt.	Lese-Rechtschreibschwierigkeiten, Lehrer, Förderung, Störenfried, Mut	Erzählung/Roman	ab 12 Jahren	
Jonsberg, B. (2016). *Das Blubbern von Glück*. München: cbt.	A–Z, Glück, Familie, Freundschaft, Tod, Depression, Mut	Erzählung/Roman	ab 10 Jahren	
Kennedy, K. (2017). *Der Asteroid ist noch das kleinste Problem*. Stuttgart: Planet!.	Physik, Mathematik, erste Liebe, Flucht, Mut, Coming of Age	Roman, Coming of Age	ab 12 Jahren	

Tab. 1: Verwendete literarische Texte im Überblick – Fortsetzung

Titel	Schlagwörter	Gattung	Altersempfehlung	Reihe?
Larsen, R. (2010). *Die Karte meiner Träume*. Frankfurt am Main: Fischer Taschenbuch Verlag.	Naturwissenschaften, Zeichnungen, Diagramme, Karten, Reise (Road Trip)	Roman	ab 16 Jahren	
Nadolny, S. (2004). *Die Entdeckung der Langsamkeit*. Roman (37. Aufl.). München: Piper.	Schifffahrt, Expedition, 18./19. Jahrhundert, Außenseiter	Roman, Coming of Age	ab 16 Jahren	
Schreiber, C. (2016). *Solo für Clara*. München: Carl Hanser Verlag.	Klavier, Konzerte, Wettbewerbe, Förderung, Freundschaft, Liebe, Erfolg/Misserfolg	Roman	ab 12 Jahren	
Stewart, T. L. (2007). *Die geheime Benedict-Gesellschaft*. Berlin: Bloomsbury.	Abenteuer, Freundschaft, Rettung der Welt	Kriminalroman	ab 12 Jahren	Band 1 von 5 (letzter Teil erschien 2019)
Tevis, W. (2021). *Das Damengambit*. München: Diogenes.	Emanzipation, Familie, Schachspiel, Freundschaft	Roman	ab 16 Jahren	

Tab. 1: Verwendete literarische Texte im Überblick – Fortsetzung

Titel	Schlagwörter	Gattung	Alters-empfehlung	Reihe?
Yamada, K. (2019). *Vielleicht – Eine Geschichte über die unendlich vielen Begabungen in jedem von uns.* Illustriert von G. Barouch Colpoys. Berlin: adrian Verlag.	Abenteuer, Träume, Freundschaft, Natur	Bilderbuch	ab 4 Jahren	

Literaturverzeichnis

Advocates for Youth. (2019). *Activist Toolkit*. Zugriff am 20.07.2020. Verfügbar unter: https://advocatesforyouth.org/wp-content/uploads/2019/04/Youth-Activist-Toolkit.pdf

Alexie, S. (2017). *Das absolut wahre Tagebuch eines Teilzeit-Indianers. Roman* (dtv pocket, 9. Aufl.). München: dtv.

Apple Inc. (2021). *GarageBand*. Zugriff am 28.07.2021. Verfügbar unter: https://www.apple.com/de/ios/garageband/

Arbeitsgruppe »Musikalische Begabung« (2014). *Musikalische Begabung fördern. Hinweise für Eltern, ErzieherInnen und LehrerInnen*. Paderborn. Zugriff am 28.07.2021. Verfügbar unter: https://kw.uni-paderborn.de/fileadmin/fakultaet/Institute/IBFM/Downloads/Broschuere_Begabung-Foerderung_2014-11-18.pdf

Arbeitskreis »Begabung in Literatur und Medien«, Rott, D. (Mitarbeiter) (2021). *Begabung in Literatur und Medien*. Zugriff am 06.08.2021. Verfügbar unter: https://begalum.de/

Bach, J., Huda, M., Jäger, M., Kaulvers, J. & Taçan, A. (2018). *RapPro. Sprachförderung durch Rap. Unterrichtsreihe Argumentation: Stellungnahme* (ProDaZ-Kompetenzzentrum, Hrsg.). Zugriff am 28.07.2021. Verfügbar unter: http://www.uni-due.de/imperia/md/content/prodaz/rappro_argumentation_jgst9_ur.pdf

Ballauff, T. (1966). *Schule der Zukunft*. Bochum: Kamp.

Baudson, T. G. (2017). *Hochbegabt ist, wer der Menschheit nützt. Scielogs*. Zugriff am 09.06.2020. Verfügbar unter: https://scilogs.spektrum.de/hochbegabung/hochbegabt-ist-wer-der-menschheit-nuetzt/

Becker, A. (2019). *Die beste Bahn meines Lebens. Roman*. Weinheim, Basel: Beltz & Gelberg.

Bell, D. (2020). *Was du nicht alles kannst!* Frankfurt am Main: Insel-Verlag.

Benölken, R. (2009). *Mathematisch begabte Mädchen im Grundschulalter*. Verfügbar unter: https://core.ac.uk/download/pdf/46913697.pdf

Beratungsstelle besondere Begabungen Hamburg. (2013). *Begabtenförderung. Grundlagen der schulischen Begabtenförderung* (1 Aufl.). Hamburg.

Berger, N. & Schneider, W. (2011). *Verhaltensstörungen und Lernschwierigkeiten in der Schule. Möglichkeiten der Prävention und Intervention* (1. Aufl.). Paderborn, Stuttgart: Schöningh; UTB.

Boring, E. G. (1923). Intelligence as the Tests Test It. *New Republic, 36,* 35–37.

Brooks, B. (2018). *Stories for boys who dare to be different. Vom Mut, anders zu sein.* Bindlach: Loewe Verlag.

Bundesministerium für Bildung und Forschung (Hrsg.) (2015). *Begabte Kinder finden und fördern. Ein Wegweiser für Eltern, Erzieherinnen und Erzieher, Lehrerinnen und Lehrer.* Bonn. Zugriff am 24.06.2019. Verfügbar unter: https://www.bmbf.de/upload_filestore/pub/Begabte_Kinder_finden_und_foerdern.pdf

Child, L. (2013). *Ruby Redfort – Gefährlicher als Gold* (A. Braun, Übers.). Frankfurt am Main: Fischer KJB.

Colfer, E. (2008). *Artemis Fowl.* Hamburg: Carlsen.

Easton, T. (2015). *Ben Fletchers total geniale Maschen. Verstrickungen eines Teenagers* (1. Aufl.). Berlin: Ueberreuter.

Farkas, K., Laudenberg, B., Mayer, J. & Rott, D. (Hrsg.) (2022). *Begabte Figuren in Literatur und Unterricht.* Münster: Waxmann.

Faßwald-Magnet, M., Hefler, H., Papousek, I., Weiss, E. M. & Fink, A. (2014). Ideefix – Entwicklung und Evaluierung eines Kreativitätstrainings für Kinder. *Lernen und Lernstörungen, 3*(3), 165–177. https://doi.org/10.1024/2235-0977/a000070

Favilli, E. & Cavallo, F. (2017). *Good Night Stories for Rebel Girls. 100 außergewöhnliche Frauen* (6. Auflage). München: Carl Hanser Verlag.

Fink, A. (2016). Kreativität als Schlüsselkomponente von Begabung. *News & Science, 41*(1), 7–10. Zugriff am 20.07.2020. Verfügbar unter: https://www.oezbf.at/wp-content/uploads/2017/12/ns-41-web.pdf

Fischer, C. (2015). Potenzialorientierter Umgang mit Vielfalt. Individuelle Förderung im Kontext Inklusiver Bildung. In: C. Fischer (Hrsg.), *(Keine) Angst vor Inklusion. Herausforderungen und Chancen gemeinsamen Lernens in der Schule* (S. 21–37). Münster: Waxmann.

Fischer, C., Hillmann, D., Kaiser-Haas, M. & Konrad, M. (2021). *Strategien selbstregulierten Lernens in der Individuellen Förderung. Ein Praxishandbuch zum Forder-Förder-Projekt* (Begabungsförderung: Individuelle Förderung und Inklusive Bildung). Münster: Waxmann.

Fischer-Ontrup, C. (2009). Ressourcenorientierte Förderung von begabten Kindern mit Lese-Rechtschreibschwierigkeiten. In: C. Fischer, U. Westphal & C. Fischer-Ontrup (Hrsg.), *Individuelle Förderung: Lernschwierigkeiten als schulische Herausforderung* (Begabungsforschung, Bd. 9, S. 55–66). Münster: LIT.

Frank, A. (2017). *Enno Anders oder Löwenzahn im Asphalt.* Stuttgart: Urachhaus.

Frank, S. (Regie). (2020). *Das Damengambit* [Spielfilm].

Fuchs, M. (2006). *Vorgehensweisen mathematisch potentiell begabter Dritt- und Viertklässler beim Problemlösen* (Begabungsforschung, Band 4). Dissertation. Münster: LIT.

Gardner, H. (1995). Creativity. New Views from Psychology and Education. *RSA Journal, 5459*(134), 33-42. Zugriff am 28.07.2020. Verfügbar unter: https://www.jstor.org/stable/41376733

Gardner, H. (2011). Intelligence, Creativity, Ethics: Reflections on My Evolving Research Interests. *Gifted Child Quarterly, 55*(4), 302-304. Zugriff am 28.07.2020. Verfügbar unter: https://journals.sagepub.com/doi/pdf/10.1177/0016986211421873

Gardner, H. (2013). *Intelligenzen. Die Vielfalt des menschlichen Geistes* (4. Aufl.). Stuttgart: Klett-Cotta.

Gieseke, C.-S. (2012). *Erscheinungsformen von Sprachbegabung*. Münster: Universitäts- und Landesbibliothek der Westfälischen Wilhelms-Universität Münster. Verfügbar unter: https://nbn-resolving.org/urn:nbn:de:hbz:6-69379653945

Gigerenzer, G. (2020). Kognition. In: M. A. Wirtz (Hrsg.), *Dorsch. Lexikon der Psychologie* (19. Aufl.). Zugriff am 25.08.2021. Verfügbar unter: https://dorsch.hogrefe.com/stichwort/kognition

GLOBAL SPORTS SALARIES SURVEY 2017. Verfügbar unter: http://www.globalsportssalaries.com/GSSS%202017.pdf

Gorelik, L. (2017). *Null bis unendlich. Roman*. Reinbek: Rowohlt Taschenbuch Verlag.

Güllich, A. (2013). Talente im Sport. In: A. Güllich & M. Krüger (Hrsg.), *Sport*. Berlin: Springer Spektrum. S. 623–654.

Hach, L. (2019). *Grüne Gurken*. München: Mixtvision.

Herrndorf, W. (2011). *Sand*. Berlin: Rowohlt.

Honneth, A. (1994). *Kampf um Anerkennung. Zur moralischen Grammatik sozialer Konflikte* (Suhrkamp-Taschenbuch Wissenschaft, Bd. 1129, 1. Aufl.). Frankfurt am Main: Suhrkamp-Taschenbuch-Verlag.

Hunt, L. M. (2016). *Wie ein Fisch im Baum* (R. Weitbrecht, Übers.) (1. Aufl.). München: cbt.

Hurrelmann, K. (1983). Das Modell des produktiv realitätsverarbeitenden Subjekts in der Sozialisationsforschung. *Zeitschrift für Sozialisationsforschung und Erziehungssoziologie*, (3), 91-103.

International Panel of Experts for Gifted Education. (2009). *Professionelle Begabtenförderung. Empfehlungen zur Qualifizierung von Fachkräften in der Begabtenförderung*. Salzburg: ÖZBF.

Jonsberg, B. (2016). *Das Blubbern von Glück* (U. Höfker, Übers.) (1. Aufl.). München: cbt.

Käpnick, F. (2013). Was heißt es »mathematisch begabt« zu sein? Ein Theorieansatz aus fachdidaktischer Perspektive. *News & Science, 34*(2), 6-12. Zugriff am 20.07.2020. Verfügbar unter: https://www.oezbf.at/wp-content/uploads/2017/12/ns-34-web_opt.pdf

Käpnick, F. & Fuchs, M. (2007). *Knobelkalender. Mathe für kleine Asse.* Berlin: Cornelsen.

Kennedy, K. (2017). *Der Asteroid ist noch das kleinste Problem* (J. Gehring, Übers.). Stuttgart: Planet!.

Keys, D. (1985). *Earth at Omega. Passage to Planetization.* Boston, Mass.: Branden Pub. Co.

Kruse, A. & Wahl, H. W. (1999). II. Persönlichkeitsentwicklung im Alter. *Zeitschrift fur Gerontologie und Geriatrie* [Personality development in old age], 32 (4), 279–293. https://doi.org/10.1007/s003910050117

Larsen, R. (2010). *Die Karte meiner Träume.* Frankfurt am Main: Fischer-Taschenbuch-Verlag.

Lutz, H. & Amelina, A. (2017). *Gender, Migration, Transnationalisierung. Eine intersektionelle Einführung.* Bielefeld: transcript. https://doi.org/10.14361/9783839437964

Malik, S. (2012). *Begabung und Förderung in der Musikerziehung: Ist musikalische Begabung angeboren oder erlernbar?* (1. Aufl.). Hamburg: Bachelor + Master Publishing.

Mensa in Deutschland e. V. Zugriff am 08.08.2019. Verfügbar unter: https://www.mensa.de/

Nadolny, S. (1998). *Die Entdeckung der Langsamkeit. Roman* (29. Aufl.). München: Piper.

Osborn, A. (1953). *Applied imagination.* New York: Scribner's.

Perleth, C. (2008). Husten Hochbegabte häufiger? *News & Science. Begabtenförderung und Begabungsforschung,* (18), S. 31–36.

Plant-for-the-Planet Foundation (2022). *Plant-for-the-Planet.* Zugriff am 19.07.2022. Verfügbar unter: https://www1.plant-for-the-planet.org/

Rost, D. H. (2009). *Intelligenz. Fakten und Mythen* (1. Aufl.). Weinheim: Beltz Verlag.

Rott, D. (2021). Leistung. Ein kritisch-konstruktiver Blick auf ein omnipräsentes Konzept. *Grundschulzeitschrift,* (35), S. 26–27.

Schleswig-Holstein Ministerium für Soziales, Gesundheit, Wissenschaft und Gleichstellung (Hrsg.) (2015). *Erkennen, Verstehen und Begleiten. Kognitiv begabte Kinder in der Kindertagesstätte.* Zugriff am 24.06.2019. Verfügbar unter: https://www.schleswig-holstein.de/DE/landesregierung/ministerien-behoerden/VIII/Service/Broschueren/Broschueren_VIII/Kita/Erkennen_verstehen_begleiten.pdf?__blob=publicationFile&v=7

Schreiber, C. (2016). *Solo für Clara.* München: Carl Hanser Verlag.

Stahl, J. (2013). mBET: Begabungen erkennen und fördern. *News & Science. Begabtenförderung und Begabungsforschung*, (34), S. 24–25.

Stern, W. (1916). Psychologische Begabungsforschung und Begabungsdiagnose. In: P. Petersen (Hrsg.), *Der Aufstieg der Begabten* (S. 105–120). Leipzig, Berlin: B. G. Teubner Verlag.

Sternberg, R. J. (2017). ACCEL: A New Model for Identifying the Gifted. *Roeper Review, 39*(3), 152–169. https://doi.org/10.1080/02783193.2017.1318658

Stewart, T. L. (2007). *Die geheime Benedict-Gesellschaft*. Berlin: Bloomsbury.

Stumpf, E. & Perleth, C. (2019). Intelligenz, Kreativität und Begabung. In: *Psychologie für den Lehrberuf* (S. 165–184). Berlin: Springer Berlin.

Tan, A.-G. & Perleth, C. (Eds.). (2015). *Creativity, culture, and development*. Singapore: Springer.

Terman, L. (1925). *Mental and physical traits of a thousand gifted children* (Genetic Studies of Genius, Bd. 1). Stanford: Stanford UP.

Tevis, W. (2021). *Das Damengambit*. München: Diogenes.

Thomä, S. (2016). Die Rolle der Kreativität in gängigen Begabungsmodellen. *News & Science, 41*(1), 4–6. Zugriff am 20.07.2020. Verfügbar unter: https://www.oezbf.at/wp-content/uploads/2017/12/ns-41-web.pdf

United Nations. (1989). *Die UN Kinderrechtskonvention*. Zugriff am 06.08.2021. Verfügbar unter: https://www.unicef.de/informieren/ueber-uns/fuer-kinderrechte/un-kinderrechtskonvention

Walker, A. (2013). Der Fibonacci-Code. *natürlich*. Zugriff am 20.07.2020. Verfügbar unter: https://www.natuerlich-online.ch/magazin/artikel-natur/?tx_ttnews%5Btt_news%5D=13132&cHash=fce06967640efad27daddf6ca9772577

Wälti, B. (2005). Fermi-Fragen. *Grundschule Mathematik, 4,* 34–37.

Wegner, J. & Amend, C. (Autor), Lorenz, M. (Redaktion) (2020). *Luisa Neubauer, redet noch jemand über das Klima?* [ZEIT ONLINE]. Verfügbar unter: https://www.zeit.de/gesellschaft/2020-04/luisa-neubauer-fridays-for-future-interviewpodcast-alles-gesagt

Westfälische Wilhelms-Universität Münster. (o. J.). *Q.UNI – Kinder- und Jugend-Uni Münster*. Zugriff am 24.06.2019. Verfügbar unter: https://www.uni-muenster.de/kinderuni/

Wirtz, M. A. (2020). Diagnose. In: M. A. Wirtz (Hrsg.), *Dorsch. Lexikon der Psychologie* (19. Aufl.). Zugriff am 25.08.2021. Verfügbar unter: https://dorsch.hogrefe.com/stichwort/diagnose

Ymada, K. (2019). *Vielleicht – Eine Geschichte über die unendlich vielen Begabungen in jedem von uns*. Berlin: Adrian Verlag.